JLPT N1

일본어 단어 쓰기 노트

박다진 지음

세나북스

외국어를 잘하려면 어떤 능력을 길러야 할까요?

언어의 4가지 기능(듣기, 말하기, 읽기, 쓰기)을 유기적으로 연계하여 자연스러운 의사소통을 하려면 상황에 맞는 적절한 단어를 사용할 수 있어야 합니다. 따라서 언어 학습에서 '단어 암기'는 가장 기본이 되는 첫 번째 요소라 할 수 있습니다. 일본어는 우리말과 어순이 같아 쉽게 접근할 수 있는 외국어이기도 하지만 한자가 대부분이기 때문에 어려움 또한 많이 느낄 수밖에 없습니다.

급수가 올라갈수록 단어 수가 증가하고 한자를 익히는 데에 적지 않은 시간이 소요되어 학습에 많은 시간을 투자해야 합니다. 완벽한 문장을 구사하고자 한다면 그만큼 다양한 단어를 알아야 표현이 자유로울 수 있습니다. 이것이 단어학습에 많은 시간을 투자해야만 하는 이유입니다.

이 책은 JLPT(일본어능력시험) N1에서 반드시 알아야 하는 필수 단어와 한자를 다루고 있습니다. 단어는 품사별로 구성하고 50음도 순으로 배치하였으며 출제 빈도가 높은 JLPT N1 단어 900개를 엄선하였습니다. 또한 단어만 학습하는 것보다 문장 속에서의 쓰임을 통해 그 의미를 파악하는 것이 단어 습득 면에서 효율성이 뛰어나고 기억에 오래 남기에 문장과 함께 익힐 수 있도록 구성하였습니다.

『소리 내어 읽고 싶은 일본어』라는 책으로 일본에서 유명한 저자 '사이토 다카시'는 『書いて心に刻む日本語』(써서 마음에 새기는 일본어)라는 책에서 쓰기의 힘에 관해 이야기합니다. 글을 쓴다는 것은 자신의 몸을 사용한다는 적극성이 단어와의 관계를 더 깊게 해주고 그 문자를 마음에 새기는 효과가 있다고 말합니다. 그리고 문자를 쓴다는 행위에는 마음을 편하게 하는 효과도 있다고 합니다.

이 책은 반드시 알아야 하는 JLPT N1 필수 단어와 관련 문장을 직접 써보고 익힐 수 있도록 구성하였습니다. 이 방법은 머리와 함께 손이 기억하는 '기적의 쓰기 학습법'이라고 확신합니다. 오래 머리에 남아 학습 효과도 좋지만 공부하는 과정을 충분히 즐기고 색다른 성취감을 얻을 수 있습니다. 이 책을 다 공부하고 나면 JLPT N1 단어 실력이 월등히 좋아졌음을 몸으로 느끼실 수 있을 겁니다. JLPT N1 단어 준비와 동시에 중급으로 가는 단어와 한자 실력을 제대로 갖출 수 있게 됩니다.

매일 20개의 단어와 문장을 35일 동안의 학습으로 엮은 이 한 권의 책이 여러분의 일본어 공부에 도움이 되는 작은 디딤돌이 되기를 진심으로 기원합니다.

저자 박다진

목차

이 책의 사용법

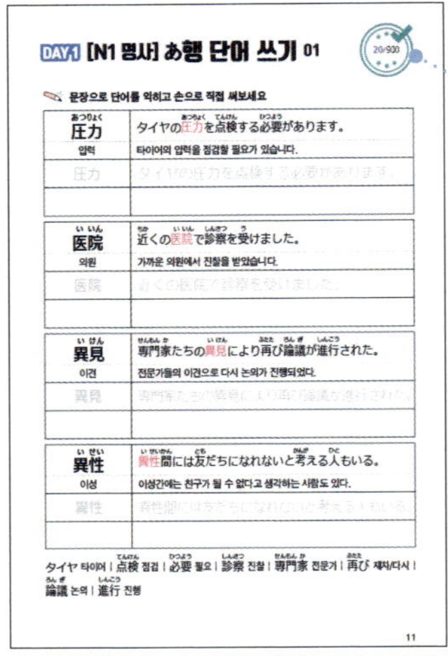

총 35일차의 일자별 구성으로 매일 공부!

DAY1을 끝내면
총 900개 단어 중
20개 클리어!

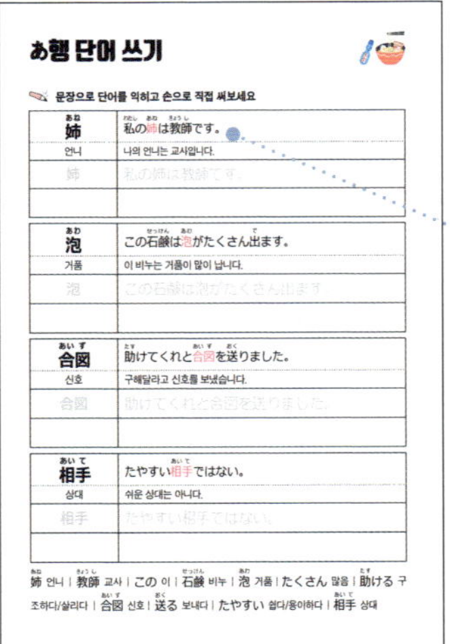

써보면서 단어와 읽는 법을 익히도록 구성
문장과 함께 외우면 더 효율적!

あね **姉**	わたし あね きょうし 私の姉は教師です。
언니	나의 언니는 교사입니다.
姉	私の姉は教師です。

따라 쓰기 칸과 직접 써보기 칸이 한 줄씩 있어요!

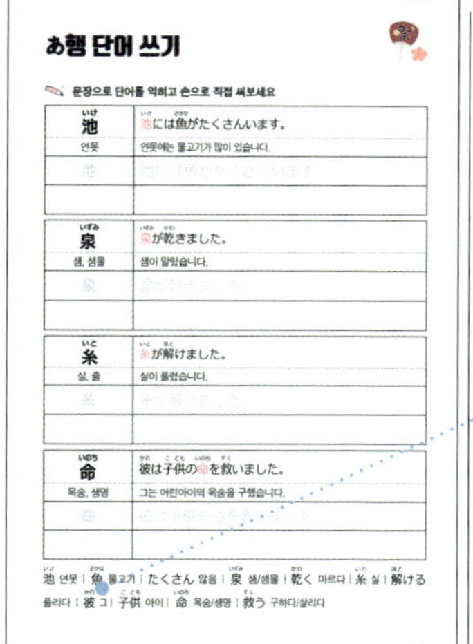

본문 문장에 나오는 단어 총정리

모든 한자에 루비가 있어서 공부하기 편해요!

플러스 단어 200개도 추가로 학습!

플러스 단어도 쓰면서 외우세요!

매일매일 쓰다 보면
900 단어 공부 완료!

Part 1.
N1
명사

번호	단어	읽는 법	뜻	체크
1	圧力	あつりょく	압력	□
2	医院	いいん	의원	□
3	異見	いけん	이견	□
4	異性	いせい	이성	□
5	遺跡	いせき	유적	□
6	一同	いちどう	일동	□
7	一帯	いったい	일대	□
8	意欲	いよく	의욕	□
9	印鑑	いんかん	인감	□
10	威力	いりょく	위력	□
11	衣類	いるい	의류	□
12	異論	いろん	이론/이의	□
13	雨天	うてん	우천	□
14	運送	うんそう	운송	□
15	運賃	うんちん	운임	□
16	映写	えいしゃ	영사	□
17	沿岸	えんがん	연안	□
18	遠方	えんぽう	먼 곳	□
19	黄金	おうごん	황금	□
20	御社	おんしゃ	귀사	□

✏️ 문장으로 단어를 익히고 손으로 직접 써보세요

圧力 あつりょく 압력	タイヤの圧力を点検する必要があります。 타이어의 압력을 점검할 필요가 있습니다. タイヤの圧力を点検する必要があります。
医院 いいん 의원	近くの医院で診察を受けました。 가까운 의원에서 진찰을 받았습니다. 近くの医院で診察を受けました。
異見 いけん 이견	専門家たちの異見により再び論議が進行された。 전문가들의 이견으로 다시 논의가 진행되었다. 専門家たちの異見により再び論議が進行された。
異性 いせい 이성	異性間には友だちになれないと考える人もいる。 이성 간에는 친구가 될 수 없다고 생각하는 사람도 있다. 異性間には友だちになれないと考える人もいる。

タイヤ 타이어 | 点検 점검 | 必要 필요 | 診察 진찰 | 専門家 전문가 | 再び 재차/다시 |
論議 논의 | 進行 진행

✏️ **문장으로 단어를 익히고 손으로 직접 써보세요**

い せき **遺跡** 유적	遺跡はいろいろに分類される。 유적은 여러 가지로 분류된다.
遺跡	遺跡はいろいろに分類される。

いちどう **一同** 일동	お客様へ社員一同、感謝申し上げます。 고객님께 직원 일동 감사드립니다.
一同	お客様へ社員一同、感謝申し上げます。

いったい **一帯** 일대	この辺一帯は夜景が美しいことで有名です。 이 부근 일대는 야경이 아름답기로 유명합니다.
一帯	この辺一帯は夜景が美しいことで有名です。

いよく **意欲** 의욕	生きていれば誰でも意欲がない時があります。 살다 보면 누구라도 의욕이 없을 때가 있습니다.
意欲	生きていれば誰でも意欲がない時があります。

ぶんるい
分類 분류 | **や けい**
夜景 야경

✏️ **문장으로 단어를 익히고 손으로 직접 써보세요**

いんかん **印鑑** 인감	契約する時には、印鑑を持参しなければならない。
	아파트를 계약할 때 인감을 지참해야 한다.
印鑑	契約する時には、印鑑を持参しなければならない。

いりょく **威力** 위력	権力や威力で望まないことをさせてはならない。
	권력이나 위력으로 원치 않는 일을 하게 해서는 안 된다.
威力	権力や威力で望まないことをさせてはならない。

いるい **衣類** 의류	衣類売り場は3階にございます。
	의류매장은 3층에 있습니다.
衣類	衣類売り場は3階にございます。

いろん **異論** 이론/이의	異論がある方は手を挙げてから発言してください。
	이의가 있으신 분은 손을 들고 발언해 주세요.
異論	異論がある方は手を挙げてから発言してください。

契約 계약 | 持参 지참 | 権力 권력 | 望む 원하다 | 売り場 파는 곳/판매장 | 発言 발언

✏️ 문장으로 단어를 익히고 손으로 직접 써보세요

雨天 うてん	雨天の場合、運動会は中止になります。
우천	우천의 경우 운동회는 취소됩니다.
雨天	雨天の場合、運動会は中止になります。

運送 うんそう	船舶を利用して貨物を運送します。
운송	선박을 이용하여 화물을 운송합니다.
運送	船舶を利用して貨物を運送します。

運賃 うんちん	市内バスの運賃が引き上げられた。
운임	시내버스 운임이 인상되었다.
運賃	市内バスの運賃が引き上げられた。

映写 えいしゃ	授業で使う資料映像をホワイトボードに映写した。
영사	수업에서 사용하는 자료 영상을 화이트보드에 영사했다.
映写	授業で使う資料映像をホワイトボードに映写した。

場合 경우/때 | 中止 중지 | 船舶 선박 | 貨物 화물 | 市内バス 시내버스 | 授業 수업 |
資料 자료 | 映像 영상 | ホワイトボード 화이트보드

[N1 명사] あ행 단어 쓰기 05

✏️ 문장으로 단어를 익히고 손으로 직접 써보세요

えんがん **沿岸** 연안	クロダイは西太平洋に生息する沿岸魚類だ。 감성돔은 서태평양에 서식하는 연안 어류이다.
沿岸	クロダイは西太平洋に生息する沿岸魚類だ。

えんぽう **遠方** 먼 곳	遠方からわざわざ来ていただいた。 먼 곳에서 일부러 와주셨다.
遠方	遠方からわざわざ来ていただいた。

おうごん **黄金** 황금	この腕時計には黄金の装飾が付いています。 이 손목시계에는 황금 장식이 붙어 있습니다.
黄金	この腕時計には黄金の装飾が付いています。

おんしゃ **御社** 귀사	御社の志望動機は、企業理念に共感したからだ。 귀사의 지원 동기는 기업 이념에 공감했기 때문이다.
御社	御社の志望動機は、企業理念に共感したからだ。

クロダイ 감성돔 ｜ 生息 생식/생존/서식 ｜ わざわざ 일부러/특별히 ｜ 腕時計 손목시계 ｜
装飾 장식 ｜ 志望 지망 ｜ 企業 기업 ｜ 理念 이념 ｜ 共感 공감

번호	단어	읽는 법	뜻	체크
1	課外	かがい	과외	☐
2	家畜	かちく	가축	☐
3	貨幣	かへい	화폐	☐
4	概略	がいりゃく	대략	☐
5	学士	がくし	학사	☐
6	架空	かくう	가공	☐
7	火星	かせい	화성	☐
8	海運	かいうん	해운	☐
9	外貨	がいか	외화	☐
10	階級	かいきゅう	계급	☐
11	回路	かいろ	회로	☐
12	学説	がくせつ	학설	☐
13	家計	かけい	가계	☐
14	化石	かせき	화석	☐
15	海抜	かいばつ	해발	☐
16	外観	がいかん	외관	☐
17	階層	かいそう	계층	☐
18	格差	かくさ	격차	☐
19	学歴	がくれき	학력	☐
20	花粉	かふん	꽃가루	☐

✏️ 문장으로 단어를 익히고 손으로 직접 써보세요

かがい **課外**	に ほん ご　　まな　　　　か がい　　はじ 日本語を学ぶために課外を始めました。
과외	일본어를 배우기 위해 과외를 시작했습니다.
課外	日本語を学ぶために課外を始めました。

かちく **家畜**	でんせんびょう　　か ちく　　へ い し 伝染病で家畜が斃死しました。
가축	전염병으로 가축이 폐사했습니다.
家畜	伝染病で家畜が斃死しました。

か へい **貨幣**	か へい　　ぎ ぞう　　　　　　はんざいこう い 貨幣を偽造することは犯罪行為だ。
화폐	화폐를 위조하는 것은 범죄행위이다.
貨幣	貨幣を偽造することは犯罪行為だ。

がいりゃく **概略**	ほんぶん　　ないよう　　ようやく　　　　がいりゃく 本文の内容を要約すると概略はこうである。
대략	본문 내용을 요약하면 대략 이러하다.
概略	本文の内容を要約すると概略はこうである。

まな　　　　　　　　でんせんびょう　　　　　　　　　へ い し　　　　　　　　　　　　　　ぎ ぞう　　　　　　はんざい　　　　　こう い
学ぶ 배우다 | 伝染病 전염병 | 斃死 폐사/쓰러져 죽음 | 偽造 위조 | 犯罪 범죄 | 行為

ほんぶん　　　　　ようやく
행위 | 本文 본문 | 要約 요약

[N1 명사] か행 단어 쓰기 02

✏️ **문장으로 단어를 익히고 손으로 직접 써보세요**

がくし **学士** ······ 학사	かのじょ　がくし　　がくい　　しゅとく　　えいこく　りゅうがく 彼女は学士の学位を取得し、英国に留学した。 그녀는 학사 학위를 취득하고, 영국으로 유학을 떠났다.
学士	彼女は学士の学位を取得し、英国に留学した。

かくう **架空** ······ 가공	かくう　　じんぶつ　　せかい　　そうぞう　　くせ 架空の人物や世界を想像する癖がある。 가공의 인물이나 세계를 상상하는 버릇이 있다.
架空	架空の人物や世界を想像する癖がある。

かせい **火星** ······ 화성	たいようけい　よんばんめ　　わくせい　　かせい 太陽系の4番目の惑星は火星だ。 태양계의 네 번째 행성은 화성이다.
火星	太陽系の4番目の惑星は火星だ。

かいうん **海運** ······ 해운	ふね　ぶっし　　はこ　　しごと　　かいうんぎょう 船で物資を運ぶ仕事を海運業という。 배로 물자를 나르는 일을 해운업이라고 한다.
海運	船で物資を運ぶ仕事を海運業という。

がくい 学位 학위 | しゅとく 取得 취득 | じんぶつ 人物 인물 | そうぞう 想像 상상 | くせ 癖 버릇/병 | たいようけい 太陽系 태양계 | わくせい 惑星 행성 | ぶっし 物資 물자

[N1 명사] か행 단어 쓰기 03

✏️ 문장으로 단어를 익히고 손으로 직접 써보세요

がいか **外貨**	たこく とりひき とき つか か へい がいか 他国と取引する時に使われる貨幣を外貨という。
외화	다른 나라와 거래할 때 사용되는 화폐를 외화라고 한다.
外貨	他国と取引する時に使われる貨幣を外貨という。

かいきゅう **階級**	かいきゅうしゃかい かいきゅう つう じょうげ かんけい くぶん 階級社会では階級を通じて上下関係を区分する。
계급	계급사회에서는 계급을 통해 상하관계를 구분한다.
階級	階級社会では階級を通じて上下関係を区分する。

かいろ **回路**	ろうでん うたが でんき かいろ かくにん 漏電が疑われ、電気回路を確認しました。
회로	누전이 의심되어 전기 회로를 확인했습니다.
回路	漏電が疑われ、電気回路を確認しました。

がくせつ **学説**	がくせつ おお しょうこ うらづ この学説は多くの証拠が裏付けられている。
학설	이 학설은 많은 증거가 뒷받침되고 있다.
学説	この学説は多くの証拠が裏付けられている。

とりひき つか か へい かいきゅうしゃかい かんけい く ぶん
取引 거래 | 使われる 쓰이다 | 貨幣 화폐 | 階級社会 계급사회 | 関係 관계 | 区分
ろうでん うたが かくにん しょう こ うら づ
구분 | 漏電 누전 | 疑う 의심하다 | 確認 확인 | 証拠 증거 | 裏付ける 뒷받침하다/입

증하다

[N1 명사] か행 단어 쓰기 04

✏️ 문장으로 단어를 익히고 손으로 직접 써보세요

家計 かけい 가계	ぶっか　じょうしょう　　かけい　　くる 物価の上昇で家計が苦しくなっている。 물가 상승으로 가계가 어려워지고 있다.
家計	物価の上昇で家計が苦しくなっている。

化石 かせき 화석	ふる　きょうりゅう　かせき　はっけん 古い恐竜の化石が発見された。 오래된 공룡 화석이 발견되었다.
化石	古い恐竜の化石が発見された。

海抜 かいばつ 해발	かいばつ　　　　　　　　ぜっぺき　た　　　　　ゆうえんち 海抜1,300メートルの絶壁に建てられた遊園地がある。 해발 1,300미터 절벽에 세워진 놀이공원이 있다.
海抜	海抜1,300メートルの絶壁に建てられた遊園地がある。

外観 がいかん 외관	たてもの　がいかん　ひじょう　げんだいてき この建物の外観は非常に現代的だ。 이 건물의 외관은 매우 현대적이다.
外観	この建物の外観は非常に現代的だ。

物価 물가 | 上昇 상승 | 恐竜 공룡(중생대의 큰 동물) | 発見 발견 | 絶壁 절벽 | 遊園地 유원지(여러 가지 놀이기구나 시설을 갖추어 놓은 곳) | 建物 건물 | 非常に 매우/상당히/몹시/대단히 | 現代 현대

[N1 명사] か행 단어 쓰기 05 

✏️ 문장으로 단어를 익히고 손으로 직접 써보세요

かいそう **階層** 계층	ぜいじゃくかいそう　てきせつ　しえん　ひつよう　じょうきょう 脆弱階層に適切な支援が必要な状況だ。
	취약계층에 적절한 지원이 필요한 상황이다.
階層	脆弱階層に適切な支援が必要な状況だ。

かくさ **格差** 격차	せいふ　ひんぷ　かくさ　へ　たいさく 政府は貧富の格差を減らすための対策をまとめた。
	정부는 빈부격차를 줄이기 위한 대책을 마련했다.
格差	政府は貧富の格差を減らすための対策をまとめた。

がくれき **学歴** 학력	かいしゃ　がくれき　じつりょく　じゅうし この会社は学歴より実力を重視する。
	이 회사는 학력보다 실력을 중요시한다.
学歴	この会社は学歴より実力を重視する。

かふん **花粉** 꽃가루	はる　かふん　と 春になると花粉がたくさん飛びます。
	봄이 되면 꽃가루가 많이 날립니다.
花粉	春になると花粉がたくさん飛びます。

ぜいじゃく
脆弱 취약 | しえん
支援 지원 | せいふ
政府 정부 | ひんぷ
貧富 빈부 | たいさく
対策 대책 | じつりょく
実力 실력 | じゅうし
重視 중시/

중요시

번호	단어	읽는 법	뜻	체크
1	海流	かいりゅう	해류	☐
2	隔週	かくしゅう	격주	☐
3	楽譜	がくふ	악보	☐
4	葛藤	かっとう	갈등	☐
5	拡張	かくちょう	확장	☐
6	慣行	かんこう	관행	☐
7	慣習	かんしゅう	관습	☐
8	観衆	かんしゅう	관중	☐
9	観点	かんてん	관점	☐
10	感触	かんしょく	감촉	☐
11	眼科	がんか	안과	☐
12	願書	がんしょ	원서	☐
13	器官	きかん	기관	☐
14	危機	きき	위기	☐
15	喜劇	きげき	희극	☐
16	期日	きじつ	기일	☐
17	期末	きまつ	기말	☐
18	貴族	きぞく	귀족	☐
19	気質	きしつ	기질	☐
20	気流	きりゅう	기류	☐
번호	단어	읽는 법	뜻	체크

✎ 문장으로 단어를 익히고 손으로 직접 써보세요

かいりゅう **海流**	さかな　い どう　かいりゅう　えいきょう　う 魚の移動は海流の影響を受けます。
해류	물고기의 이동은 해류의 영향을 받습니다.
海流	魚の移動は海流の影響を受けます。

かくしゅう **隔週**	にちよう び　かくしゅう　やす 日曜日は隔週で休みます。
격주	일요일은 격주로 쉽니다.
隔週	日曜日は隔週で休みます。

がく ふ **楽譜**	かのじょ　がくふ　み　　　　　　ひ 彼女は楽譜を見ながらピアノを弾いている。
악보	그녀는 악보를 보면서 피아노를 연주하고 있다.
楽譜	彼女は楽譜を見ながらピアノを弾いている。

かっとう **葛藤**	しゅうしょく　　　　しんがく　　　　　　かっとう 就職するか進学するかで葛藤している。
갈등	취직할지 진학할지로 갈등하고 있다.
葛藤	就職するか進学するかで葛藤している。

い どう
移動 이동 ｜ えいきょう
影響 영향 ｜ ひ
弾く (현악기 등을)연주하다/켜다/치다 ｜ しゅうしょく
就職 취직 ｜ しんがく
進学 진학

[N1 명사] か행 단어 쓰기 02

✏️ 문장으로 단어를 익히고 손으로 직접 써보세요

かくちょう **拡張** 확장	スペースを拡張して人員を増やした。 공간을 확장하고 인원을 늘렸다.
拡張	スペースを拡張して人員を増やした。

かんこう **慣行** 관행	悪い慣行は改善する必要がある。 잘못된 관행은 개선할 필요가 있다.
慣行	悪い慣行は改善する必要がある。

かんしゅう **慣習** 관습	古い慣習にとらわれないことにした。 오래된 관습에 얽매이지 않기로 했다.
慣習	古い慣習にとらわれないことにした。

かんしゅう **観衆** 관중	彼の演技は多くの観衆の心に響いた。 그의 연기는 많은 관중의 마음을 울렸다.
観衆	彼の演技は多くの観衆の心に響いた。

スペース 스페이스/공간/여백 ｜ 人員 인원 ｜ 増やす 늘리다 ｜ 悪い 나쁘다/좋지 않다 ｜
改善 개선 ｜ 必要 필요 ｜ 古い 낡다/오래되다 ｜ とらわれる (붙)잡히다/붙들리다/얽매이다
｜ 演技 연기/배우가 배역의 인물이나 성격 등을 표현해 내는 일 ｜ 響く 울리다/울려 퍼지다

[N1 명사] か행 단어 쓰기 03

✏️ 문장으로 단어를 익히고 손으로 직접 써보세요

かんてん **観点** 관점	み　かんてん　　　　　かいしゃく　こと 見る観点によって解釈が異なることがある。 보는 관점에 따라 해석이 다를 수 있다.
観点	見る観点によって解釈が異なることがある。

かんしょく **感触** 감촉	やわ　　　　かんしょく　　かん 柔らかな感触を感じることができた。 부드러운 감촉을 느낄 수 있었다.
感触	柔らかな感触を感じることができた。

がん か **眼科** 안과	がん か　　　しりょくけん さ　う 眼科で視力検査を受けました。 안과에서 시력 검사를 받았습니다.
眼科	眼科で視力検査を受けました。

がんしょ **願書** 원서	にゅうがくがんしょ　　きょう ひっちゃく 入学願書は今日必着です。 입학원서는 오늘 반드시 도착해야 합니다.
願書	入学願書は今日必着です。

かいしゃく　　　　　　　こと
解釈 해석 ｜ 異なる 다르다/같지 않다/상이하다 ｜ しりょく
視力 시력 ｜ けん さ
検査 검사 ｜ にゅうがく
入学 입학 ｜
ひっちゃく
必着 필착/꼭 도착해야 함

[N1 명사] か행 단어 쓰기 04 

✎ **문장으로 단어를 익히고 손으로 직접 써보세요**

器官 きかん 기관	ストレスによって消化器官が弱くなった。 스트레스로 인해 소화기관이 약해졌다.
器官	ストレスによって消化器官が弱くなった。

危機 きき 위기	瞬発力で危機を免れることができた。 순발력으로 위기를 모면할 수 있었다.
危機	瞬発力で危機を免れることができた。

喜劇 きげき 희극	喜劇だと思ったら悲劇だった。 희극인 줄 알았더니 비극이었다.
喜劇	喜劇だと思ったら悲劇だった。

期日 きじつ 기일	書類は約束した期日までに提出してください。 서류는 약속한 기일까지 제출해 주세요.
期日	書類は約束した期日までに提出してください。

ストレス 스트레스 | 消化 しょうか 소화 | 弱い よわ 약하다 | 瞬発力 しゅんぱつりょく 순발력 | 免れる まぬが 면하다/모면하다 | 悲劇 ひげき 비극 | 書類 しょるい 서류 | 約束 やくそく 약속 | 提出 ていしゅつ 제출

[N1 명사] か행 단어 쓰기 05

✏️ 문장으로 단어를 익히고 손으로 직접 써보세요

期末 きまつ	来週には期末テストがあります。 らいしゅう / きまつ
기말	다음 주에는 기말고사가 있습니다.
期末	来週には期末テストがあります。

貴族 きぞく	この舞踏会は貴族だけが参加する。 ぶとうかい / きぞく / さんか
귀족	이 무도회는 귀족들만 참가한다.
貴族	この舞踏会は貴族だけが参加する。

気質 きしつ	彼女は元々おとなしい気質の人だ。 かのじょ / もともと / きしつ / ひと
기질	그녀는 원래 얌전한 기질의 사람이다.
気質	彼女は元々おとなしい気質の人だ。

気流 きりゅう	飛行機の揺れは気流の乱れが原因だ。 ひこうき / ゆ / きりゅう / みだ / げんいん
기류	비행기의 흔들림은 기류의 교란이 원인이다.
気流	飛行機の揺れは気流の乱れが原因だ。

来週 다음 주 | テスト 테스트/시험 | 舞踏会 무도회 | 参加 참가 | おとなしい 온순하다/얌전하다 | 飛行機 비행기 | 揺れ 요동/흔들림 | 乱れ 흐트러짐/어지러움/혼란 | 原因 원인

4일차 단어 미리 보기 알고 있는 단어를 체크해 보세요

번호	단어	읽는 법	뜻	체크
1	起点	きてん	기점/출발점	☐
2	議題	ぎだい	의제	☐
3	犠牲	ぎせい	희생	☐
4	技能	ぎのう	기능	☐
5	義理	ぎり	의리	☐
6	疑惑	ぎわく	의혹	☐
7	脚本	きゃくほん	각본	☐
8	客観	きゃっかん	객관	☐
9	究極	きゅうきょく	궁극	☐
10	給食	きゅうしょく	급식	☐
11	宮殿	きゅうでん	궁전	☐
12	教科	きょうか	교과	☐
13	教材	きょうざい	교재	☐
14	教習	きょうしゅう	교습	☐
15	教職	きょうしょく	교직	☐
16	驚異	きょうい	경이	☐
17	協会	きょうかい	협회	☐
18	共学	きょうがく	공학	☐
19	郷愁	きょうしゅう	향수	☐
20	郷土	きょうど	향토	☐

✏️ **문장으로 단어를 익히고 손으로 직접 써보세요**

きてん **起点** 기점/출발점	に ほんばし とうかいどう き てん せいてい 日本橋は東海道の起点に制定されている。 니혼바시는 동해도의 기점으로 제정되어 있다.
起点	日本橋は東海道の起点に制定されている。

ぎ だい **議題** 의제	おお ぎ だい ぎ ろん じ かん た 多くの議題を議論するには時間が足りなかった。 많은 의제를 논의하기에는 시간이 부족했다.
議題	多くの議題を議論するには時間が足りなかった。

ぎ せい **犠牲** 희생	せんそう おお ひとびと ぎ せい 戦争で多くの人々が犠牲になった。 전쟁으로 많은 사람들이 희생되었다.
犠牲	戦争で多くの人々が犠牲になった。

ぎ のう **技能** 기능	ぎ のうけんてい し けん べんきょう 技能検定試験のために勉強しています。 기능 검정 시험을 위해 공부하고 있습니다.
技能	技能検定試験のために勉強しています。

せいてい ぎ ろん せんそう けんてい
制定 제정 | **議論** 의논/논의/토론 | **戦争** 전쟁 | **検定** 검정

✏️ 문장으로 단어를 익히고 손으로 직접 써보세요

義理 ぎり 의리	かれ ぎり たにん たい おも 彼は義理があって他人に対する思いやりがある。 그는 의리가 있고 타인에 대한 배려가 있다.
義理	彼は義理があって他人に対する思いやりがある。

疑惑 ぎわく 의혹	けいさつ せいじ か ふせいぎ わく ちょうさ 警察は政治家の不正疑惑を調査している。 경찰은 정치인의 비리 의혹을 조사하고 있다.
疑惑	警察は政治家の不正疑惑を調査している。

脚本 きゃくほん 각본	かれ あたら きゃくほん しゅうちゅう 彼は新しい脚本に集中している。 그는 새로운 각본을 쓰는 데 집중하고 있다.
脚本	彼は新しい脚本に集中している。

客観 きゃっかん 객관	しょうこ しりょう み きゃっかんてき はんだん 証拠資料を見て客観的な判断をした。 증거자료를 보고 객관적인 판단을 했다.
客観	証拠資料を見て客観的な判断をした。

おも
思いやり (남의 심정이나 입장을)생각함/헤아림/동정심/배려 | けいさつ
警察 경찰 | せいじか
政治家 정치가 |
ふ せい
不正 부정/올바르지 아니하거나 옳지 못한 것 | しゅうちゅう
集中 집중 | しょうこ
証拠 증거 | しりょう
資料 자료 | はんだん
判断 판단

[N1 명사] か행 단어 쓰기 03

✏️ **문장으로 단어를 익히고 손으로 직접 써보세요**

きゅうきょく **究極** 궁극	かれ きゅうきょく かいけつさく み どりょく 彼は究極の解決策を見つけるために努力している。 그는 궁극적인 해결책을 찾기 위해 노력하고 있다.
究極	彼は究極の解決策を見つけるために努力している。

きゅうしょく **給食** 급식	むりょうきゅうしょく ていきょう がっこう ふ 無料給食を提供する学校が増えている。 무료 급식을 제공하는 학교가 늘고 있다.
給食	無料給食を提供する学校が増えている。

きゅうでん **宮殿** 궁전	かんこうきゃく きゅうでん まえ しゃしん と 観光客が宮殿の前で写真を撮っています。 관광객들이 궁전 앞에서 사진을 찍고 있습니다.
宮殿	観光客が宮殿の前で写真を撮っています。

きょうか **教科** 교과	こんど しけん あんき きょうか たか てんすう う 今度の試験は暗記教科で高い点数を受けた。 이번 시험은 암기 교과에서 높은 점수를 받았다.
教科	今度の試験は暗記教科で高い点数を受けた。

かいけつさく　　　　　　どりょく　　　　　　むりょう　　　　　ていきょう　　　ふ
解決策 해결책 ｜ 努力 노력 ｜ 無料 무료 ｜ 提供 제공 ｜ 増える 늘다/증가하다/늘어나다
かんこうきゃく　　　　しゃしん　　　と　　　　　　　　　　　　しけん　　　あんき
｜ 観光客 관광객 ｜ 写真 사진 ｜ 撮る (사진을)찍다/촬영하다 ｜ 試験 시험 ｜ 暗記 암기 ｜
てんすう
点数 점수

✏️ **문장으로 단어를 익히고 손으로 직접 써보세요**

きょうざい **教材** 교재	**教材**を購入するためにアルバイトをしています。
	교재를 구입하기 위해 아르바이트를 하고 있습니다.
教材	教材を購入するためにアルバイトをしています。

きょうしゅう **教習** 교습	昨年から自動車の運転教習を受けています。
	작년부터 자동차 운전 교습을 받고 있습니다.
教習	昨年から自動車の運転教習を受けています。

きょうしょく **教職** 교직	彼女は教職に従事しています。
	그녀는 교직에 종사하고 있습니다.
教職	彼女は教職に従事しています。

きょうい **驚異** 경이	登山の大会は私にとって驚異的な経験だった。
	등산 대회는 나에게 경이로운 경험이었다.
驚異	登山の大会は私にとって驚異的な経験だった。

購入 구입 | **昨年** 작년/지난해 | **従事** 종사/어떤 일을 직업으로 삼아 하는 것 | **登山** 등산 |
大会 대회 | **経験** 경험

[N1 명사] か행 단어 쓰기 05

✎ 문장으로 단어를 익히고 손으로 직접 써보세요

きょうかい **協会**	彼はこの地域のサッカー協会に所属する選手だ。
협회	그는 이 지역 축구 협회에 소속된 선수이다.
協会	彼はこの地域のサッカー協会に所属する選手だ。

きょうがく **共学**	私が卒業した中学校は男女共学だった。
공학	내가 졸업한 중학교는 남녀공학이었다.
共学	私が卒業した中学校は男女共学だった。

きょうしゅう **郷愁**	故郷の郷愁が感じられる食べ物を味わった。
향수	고향의 향수가 느껴지는 음식을 맛보았다.
郷愁	故郷の郷愁が感じられる食べ物を味わった。

きょうど **郷土**	旅行中に郷土料理を食べました。
향토	여행 중에 향토 음식을 먹었습니다.
郷土	旅行中に郷土料理を食べました。

地域 지역 ｜ 所属 소속 ｜ 選手 선수 ｜ 卒業 졸업 ｜ 男女 남녀 ｜ 故郷 고향 ｜ 感じる 느끼다/(감정이나 느낌을)가지다 ｜ 味わう 맛보다/(음식을)맛보다 ｜ 旅行 여행 ｜ 料理 요리

번호	단어	읽는 법	뜻	체크
1	凶作	きょうさく	흉작	☐
2	行政	ぎょうせい	행정	☐
3	業務	ぎょうむ	업무	☐
4	禁物	きんもつ	금물	☐
5	漁村	ぎょそん	어촌	☐
6	区間	くかん	구간	☐
7	空間	くうかん	공간	☐
8	空腹	くうふく	공복	☐
9	軍艦	ぐんかん	군함	☐
10	軍事	ぐんじ	군사	☐
11	軍服	ぐんぷく	군복	☐
12	群衆	ぐんしゅう	군중	☐
13	経緯	けいい	경위	☐
14	経費	けいひ	경비	☐
15	経歴	けいれき	경력	☐
16	経路	けいろ	경로	☐
17	劇団	げきだん	극단	☐
18	結核	けっかく	결핵	☐
19	決算	けっさん	결산	☐
20	下痢	げり	설사	☐

100/900

✏️ 문장으로 단어를 익히고 손으로 직접 써보세요

きょうさく **凶作** 흉작	ひ で　　きょうさく　　け ねん ひどい日照りで凶作が懸念される。 극심한 가뭄으로 흉작이 우려된다.
凶作	ひどい日照りで凶作が懸念される。

ぎょうせい **行政** 행정	ふくざつ　　　　ぎょうせい て つづ　　　　かん そ か 複雑だった行政手続きが簡素化された。 복잡했던 행정절차가 간소화되었다.
行政	複雑だった行政手続きが簡素化された。

ぎょう む **業務** 업무	かいぜん　　　　　ぎょうむ　　こうりつせい　　あ システムが改善され、業務の効率性が上がった。 시스템이 개선되어 업무의 효율성이 높아졌다.
業務	システムが改善され、業務の効率性が上がった。

きんもつ **禁物** 금물	せいこう　　もくぜん　　　　　　　ゆ だん　きんもつ 成功が目前にあっても油断は禁物だ。 성공이 눈앞에 있어도 방심은 금물이다.
禁物	成功が目前にあっても油断は禁物だ。

ひどい (정도가)심하다/가혹하다 | 日照り 가뭄 | 懸念 걱정/근심/불안 | 複雑 복잡(함) | 手
続き 수속/절차 | 簡素化 간소화 | システム 시스템 | 改善 개선 | 効率性 효율성 | 成功
성공 | 目前 눈앞/목전 | 油断 방심

[N1 명사] か행 단어 쓰기 02

✏️ **문장으로 단어를 익히고 손으로 직접 써보세요**

漁村 (ぎょそん)	主_{おも}に漁業_{ぎょぎょう}を生業_{せいぎょう}としている村_{むら}を漁村_{ぎょそん}という。
어촌	주로 어업을 생업으로 하고 있는 마을을 어촌이라고 한다.
漁村	主に漁業を生業としている村を漁村という。

区間 (くかん)	同_{おな}じ区間_{くかん}を何度_{なんど}も繰_くり返_{かえ}し聞_きいています。
구간	같은 구간을 여러 번 반복해서 듣고 있습니다.
区間	同じ区間を何度も繰り返し聞いています。

空間 (くうかん)	密閉_{みっぺい}された空間_{くうかん}では息苦_{いきぐる}しさを感_{かん}じる。
공간	밀폐된 공간에서는 답답함을 느낀다.
空間	密閉された空間では息苦しさを感じる。

空腹 (くうふく)	朝起_{あさお}きたら空腹_{くうふく}に乳酸菌_{にゅうさんきん}を摂取_{せっしゅ}します。
공복	아침에 일어나면 공복에 유산균을 섭취합니다.
空腹	朝起きたら空腹に乳酸菌を摂取します。

漁業_{ぎょぎょう} 어업 | 生業_{せいぎょう} 생업/가업 | 繰_くり返_{かえ}し 반복함/되풀이 함 | 密閉_{みっぺい} 밀폐 | 息苦_{いきぐる}しい 답답하다/숨이 막히다 | 乳酸菌_{にゅうさんきん} 유산균/젖산균

✏️ 문장으로 단어를 익히고 손으로 직접 써보세요

ぐんかん **軍艦**	ぐんかん きょうりょく そうび 軍艦には強力なミサイルが装備されている。
군함	군함에는 강력한 미사일이 장착되어 있다.
軍艦	軍艦には強力なミサイルが装備されている。

ぐんじ **軍事**	ちゅうだん ぐんじ くんれん さいかい 中断していた軍事訓練が再開される。
군사	중단되었던 군사훈련이 재개된다.
軍事	中断していた軍事訓練が再開される。

ぐんぷく **軍服**	ぐんぷく き おっと すてき み 軍服を着た夫が素敵に見えた。
군복	군복을 입은 남편이 멋있어 보였다.
軍服	軍服を着た夫が素敵に見えた。

ぐんしゅう **群衆**	ぐんしゅう かんき こえ ひび 群衆の歓喜の声が響いた。
군중	군중의 환희 소리가 울려 퍼졌다.
群衆	群衆の歓喜の声が響いた。

きょうりょく そうび ちゅうだん くんれん さいかい
強力 강력 ｜ **ミサイル** 미사일 ｜ **装備** 장착 ｜ **中断** 중단 ｜ **訓練** 훈련 ｜ **再開** 재개 ｜
き すてき かんき ひび
着る (의류 등을)입다/몸에 걸치다 ｜ **素敵** 매우 근사함/아주 멋짐 ｜ **歓喜** 환희 ｜ **響く** 울리
다/울려 퍼지다

✏️ **문장으로 단어를 익히고 손으로 직접 써보세요**

経緯 (けいい)	事件の経緯を説明しました。
경위	사건의 경위를 설명했습니다.
経緯	事件の経緯を説明しました。

経費 (けいひ)	出張に必要な経費を前もって計算してみた。
경비	출장에 필요한 경비를 미리 계산해 보았다.
経費	出張に必要な経費を前もって計算してみた。

経歴 (けいれき)	彼女は職務と関連した経歴を積むために努力した。
경력	그녀는 직무와 관련된 경력을 쌓기 위해 노력했다.
経歴	彼女は職務と関連した経歴を積むために努力した。

経路 (けいろ)	避難経路に沿って落ち着いて移動してください。
경로	대피 경로를 따라 침착하게 이동하세요.
経路	避難経路に沿って落ち着いて移動してください。

事件 사건 | 説明 설명 | 出張 출장 | 必要 필요 | 前もって 미리/앞서/사전에 | 計算 계산 | 職務 직무 | 関連 관련 | 積む (물건을)쌓다/(경험 등을)쌓다 | 避難 피난/재난을 피해 다른 곳으로 옮겨 가는 것 | 沿う 따르다 | 移動 이동

✏️ **문장으로 단어를 익히고 손으로 직접 써보세요**

げきだん **劇団** 극단	こうえんりょう はんぶん き ふ げきだん 公演料の半分を寄付した劇団がある。 공연료의 절반을 기부한 극단이 있다.
劇団	公演料の半分を寄付した劇団がある。

けっかく **結核** 결핵	さいきん けっかくかんじゃ ふ 最近になって結核患者が増えているそうです。 최근 들어 결핵 환자가 늘고 있다고 합니다.
結核	最近になって結核患者が増えているそうです。

けっさん **決算** 결산	ねんまつ けっさんほうこくしょ さくせい 年末には決算報告書を作成します。 연말에는 결산 보고서를 작성합니다.
決算	年末には決算報告書を作成します。

げ り **下痢** 설사	しょくちゅうどく げ り ふくつう くる 食中毒になって下痢と腹痛で苦しんでいます。 식중독에 걸려서 설사와 복통으로 고생하고 있습니다.
下痢	食中毒になって下痢と腹痛で苦しんでいます。

こうえんりょう　　　　　はんぶん　　　　　き ふ　　　　　かんじゃ　　　　ふ
公演料 공연료 | 半分 반/절반 | 寄付 기부 | 患者 환자 | 増える 늘다/늘어나다/증가하
ねんまつ　　　　ほうこくしょ　　　　さくせい　　　　しょくちゅうどく　　　　ふくつう　　　　くる
다 | 年末 연말 | 報告書 보고서 | 作成 작성 | 食中毒 식중독 | 腹痛 복통 | 苦しむ
괴로워하다/(육체적으로)시달리다/앓다

번호	단어	읽는 법	뜻	체크
1	原型	げんけい	원형	☐
2	原作	げんさく	원작	☐
3	原子	げんし	원자	☐
4	原書	げんしょ	원서	☐
5	原則	げんそく	원칙	☐
6	原点	げんてん	원점	☐
7	原文	げんぶん	원문	☐
8	原油	げんゆ	원유	☐
9	現地	げんち	현지	☐
10	元素	げんそ	원소	☐
11	言論	げんろん	언론	☐
12	権限	けんげん	권한	☐
13	健在	けんざい	건재	☐
14	検事	けんじ	검사	☐
15	懸賞	けんしょう	현상	☐
16	語彙	ごい	어휘	☐
17	合議	ごうぎ	합의	☐
18	工学	こうがく	공학	☐
19	好況	こうきょう	호황	☐
20	鉱山	こうざん	광산	☐

✎ 문장으로 단어를 익히고 손으로 직접 써보세요

げんけい **原型**	は そん　　　ぶん か ざい　　げんけい　　　　　　ふっきゅう　　　　　むずか 破損した文化財を原型のまま復旧することは難しい。
원형	파손된 문화재를 원형 그대로 복구하기는 어렵다.
原型	破損した文化財を原型のまま復旧することは難しい。

げんさく **原作**	さいきん　　にん き　　　　　　　しょうせつ　げんさく　　　　さくひん 最近の人気ドラマは小説を原作にした作品だ。
원작	최근 인기 드라마는 소설을 원작으로 한 작품이다.
原作	最近の人気ドラマは小説を原作にした作品だ。

げんし **原子**	ふくすう　　げんし　　あつ　　　　　ぶんし 複数の原子が集まって分子になる。
원자	여러 개의 원자가 모여 분자가 된다.
原子	複数の原子が集まって分子になる。

げんしょ **原書**	ぶ あつ　　えい ご　　げんしょ　　ほんやく 分厚い英語の原書を翻訳しています。
원서	두꺼운 영어 원서를 번역하고 있습니다.
原書	分厚い英語の原書を翻訳しています。

は そん　　　　　　　　　ぶん か ざい　　　　　　　　　　ふっきゅう　　　　　　　にん き　　　　　　　　しょうせつ　　　　　さくひん　　　　　　ふくすう
破損 파손 | 文化財 문화재 | 復旧 복구 | 人気 인기 | 小説 소설 | 作品 작품 | 複数
　　　　　　　　　　　　ぶん し　　　　　　ぶ あつ　　　　　　　　　　　ほんやく
복수/둘 이상의 수 | 分子 분자 | 分厚い 두껍다/두툼하다 | 翻訳 번역

[N1 명사] か행 단어 쓰기 02

✏️ 문장으로 단어를 익히고 손으로 직접 써보세요

げんそく **原則** 원칙	かれ ほう げんそく おも ひと 彼は法と原則を重んじる人だ。 그는 법과 원칙을 중요하게 생각하는 사람이다.
原則	彼は法と原則を重んじる人だ。

げんてん **原点** 원점	そう さ ふたた げんてん もど 捜査は再び原点に戻ってしまった。 수사는 다시 원점으로 돌아가고 말았다.
原点	捜査は再び原点に戻ってしまった。

げんぶん **原文** 원문	げんぶん かん つた い やく 原文の感じをよく伝えるために意訳した。 원문의 느낌을 잘 전달하기 위해 의역했다.
原文	原文の感じをよく伝えるために意訳した。

げん ゆ **原油** 원유	げん ゆ か かく じょうしょう か かく えいきょう およ 原油価格の上昇はガソリン価格にも影響を及ぼす。 원유 가격의 상승은 휘발유 가격에도 영향을 미친다.
原油	原油価格の上昇はガソリン価格にも影響を及ぼす。

法 법/법률 | 重んじる 중히 여기다/중요시하다/존중하다 | 捜査 수사 | 意訳 의역 | 価格
가격/값 | 上昇 상승 | ガソリン 가솔린/휘발유 | 影響 영향 | 及ぼす (작용·영향 등을)
미치게 하다/끼치다

[N1 명사] か행 단어 쓰기 03

✏️ 문장으로 단어를 익히고 손으로 직접 써보세요

げん ち **現地**	げん ち　　　てん き　　こうりょ　　　ふく　じゅん び **現地**の天気を考慮して服を準備しなければならない。
현지	현지 날씨를 고려해서 옷을 준비해야 한다.
現地	現地の天気を考慮して服を準備しなければならない。

げん そ **元素**	げん そ　　なか　すい そ　　もっと　かる **元素**の中で水素が最も軽い。
원소	원소 중에서 수소가 가장 가볍다.
元素	元素の中で水素が最も軽い。

げんろん **言論**	げんろん　　じ ゆう　よくあつ **言論**の自由を抑圧してはいけません。
언론	언론의 자유를 억압해서는 안 됩니다.
言論	言論の自由を抑圧してはいけません。

けんげん **権限**	かれ　　だい り にん　　　　　　　けんげん　　い にん　　　すがた　け 彼は代理人にすべての**権限**を委任し、姿を消した。
권한	그는 대리인에게 모든 권한을 위임하고 사라졌다.
権限	彼は代理人にすべての権限を委任し、姿を消した。

こうりょ　　　　　　　じゅん び　　　　　　　　すい そ　　　　　　　よくあつ　　　　　　　　　だい り にん　　　　　　い にん
考慮 고려 | 準備 준비 | 水素 수소 | 抑圧 억압/억누름 | 代理人 대리인 | 委任 위임

✏️ 문장으로 단어를 익히고 손으로 직접 써보세요

けんざい 健在	おじいさんは90歳を超えていますが、まだ健在です。
건재	할아버지는 90세가 넘으셨지만 아직 건재합니다.
健在	おじいさんは90歳を超えていますが、まだ健在です。

けんじ 検事	検事は被告に懲役10年を求刑した。
검사	검사는 피고에게 징역 10년을 구형했다.
検事	検事は被告に懲役10年を求刑した。

けんしょう 懸賞	懸賞金付きの指名手配犯の逮捕過程が出た。
현상	현상금이 걸린 지명수배범의 체포 과정이 나왔다.
懸賞	懸賞金付きの指名手配犯の逮捕過程が出た。

ごい 語彙	語彙力を向上させるために毎朝勉強をします。
어휘	어휘력을 향상시키기 위해 매일 아침 공부를 합니다.
語彙	語彙力を向上させるために毎朝勉強をします。

90(きゅうじゅっ)歳 90세 | 被告 피고 | 懲役 징역 | 求刑 구형 | 手配犯 수배범 | 逮捕 체포 | 過程 과정 | 向上 향상

[N1 명사] か행 단어 쓰기 05

✏️ 문장으로 단어를 익히고 손으로 직접 써보세요

ごうぎ **合議**	おも　　　　ようい　　ごうぎ　　せいりつ 思ったより容易に合議が成立した。
합의	생각했던 것보다 수월하게 합의가 이루어졌다.
合議	思ったより容易に合議が成立した。

こうがく **工学**	かれ　　だいがく　　しょくひんこうがく　　おし 彼は大学で食品工学を教えている。
공학	그는 대학에서 식품공학을 가르치고 있다.
工学	彼は大学で食品工学を教えている。

こうきょう **好況**	はんどうたいぎょうかい　　か こ さいこう　　こうきょう　　むか 半導体業界は過去最高の好況を迎えた。
호황	반도체 업계는 역대급 호황을 맞았다.
好況	半導体業界は過去最高の好況を迎えた。

こうざん **鉱山**	かれ　　こうざん　　じゅうねんかんこう ふ　　はたら 彼は鉱山で10年間鉱夫として働いた。
광산	그는 광산에서 10년간 광부로 일했다.
鉱山	彼は鉱山で10年間鉱夫として働いた。

よう い
容易 용이(함)/손쉬움 ｜ せいりつ
成立 성립 ｜ しょくひん
食品 식품 ｜ はんどうたい
半導体 반도체 ｜ ぎょうかい
業界 업계 ｜ か こ
過去
과거 ｜ さいこう
最高 최고 ｜ むか
迎える 맞이하다 ｜ こう ふ
鉱夫 광부/광산 노동자

7일차 단어 미리 보기 알고 있는 단어를 체크해 보세요

번호	단어	읽는 법	뜻	체크
1	鉱業	こうぎょう	광업	☐
2	高原	こうげん	고원	☐
3	誤差	ごさ	오차	☐
4	降水	こうすい	강수	☐
5	洪水	こうずい	홍수	☐
6	公用	こうよう	공용	☐
7	光沢	こうたく	광택	☐
8	後半	こうはん	후반	☐
9	功績	こうせき	공적	☐
10	国産	こくさん	국산	☐
11	国定	こくてい	국정	☐
12	国土	こくど	국토	☐
13	国防	こくぼう	국방	☐
14	国有	こくゆう	국유	☐
15	個性	こせい	개성	☐
16	個別	こべつ	개별	☐
17	孤児	こじ	고아	☐
18	故人	こじん	고인	☐
19	古代	こだい	고대	☐
20	根気	こんき	끈기	☐
번호	단어	읽는 법	뜻	체크

[N1 명사] か행 단어 쓰기 01

✏️ 문장으로 단어를 익히고 손으로 직접 써보세요

こうぎょう **鉱業**	彼は金属鉱業が発達した都市で生まれた。
광업	그는 금속광업이 발달한 도시에서 태어났다.
鉱業	彼は金属鉱業が発達した都市で生まれた。

こうげん **高原**	高原から美しい風景を眺めた。
고원	고원에서 아름다운 풍경을 바라보았다.
高原	高原から美しい風景を眺めた。

ご　さ **誤差**	精巧な作業はわずかな誤差も許されない。
오차	정교한 작업은 약간의 오차도 허용되지 않는다.
誤差	精巧な作業はわずかな誤差も許されない。

こうすい **降水**	降水確率60%で雨が降ると予報された。
강수	강수확률 60%로 비가 올 것이라고 예보됐다.
降水	降水確率60%で雨が降ると予報された。

金属 금속 | 発達 발달 | 都市 도시 | 風景 풍경 | 眺める 바라보다/응시하다 | 精巧だ 정교하다 | 作業 작업 | 確率 확률 | 60%(ろくじゅっパーセント) 60% | 予報 예보

✏️ 문장으로 단어를 익히고 손으로 직접 써보세요

こうずい 洪水	洪水による山崩れで人命被害が憂慮される状況だ。
홍수	홍수로 인한 산사태로 인명피해가 우려되는 상황이다.
洪水	洪水による山崩れで人命被害が憂慮される状況だ。

こうよう 公用	アラビア語は公用語として使用されている。
공용	아랍어는 공용어로 사용되고 있다.
公用	アラビア語は公用語として使用されている。

こうたく 光沢	ワックスで磨いた車は光沢がある。
광택	왁스로 닦은 자동차는 광택이 난다.
光沢	ワックスで磨いた車は光沢がある。

こうはん 後半	彼女は50代後半になった。
후반	그녀는 50대 후반이 되었다.
後半	彼女は50代後半になった。

山崩れ 산사태 ｜ 人命 인명 ｜ 被害 피해 ｜ 憂慮 우려 ｜ 状況 상황 ｜ アラビア語 아랍어(아라비아어) ｜ 使用 사용 ｜ ワックス 왁스 ｜ 磨く (문질러)닦다/윤내다/광내다

✎ **문장으로 단어를 익히고 손으로 직접 써보세요**

こうせき **功績** 공적	彼の功績はマスコミでも注目されている。 그의 공적은 언론에서도 주목받고 있다.
功績	彼の功績はマスコミでも注目されている。

こくさん **国産** 국산	近年、国産製品のみを利用する消費者が増えている。 최근 국산 제품만을 이용하는 소비자가 증가하고 있다.
国産	近年、国産製品のみを利用する消費者が増えている。

こくてい **国定** 국정	国定教科書はどこで購入できますか？ 국정교과서는 어디에서 구입할 수 있습니까?
国定	国定教科書はどこで購入できますか？

こくど **国土** 국토	フィンランドの国土は約7割が森林でできている。 핀란드의 국토는 약 70%가 삼림으로 이루어져 있다.
国土	フィンランドの国土は約7割が森林でできている。

マスコミ 매스컴 | 注目 주목 | 近年 근년/근래 | 製品 제품 | ～のみ ~오직 그것뿐/
~만/~뿐 | 利用 이용 | 消費者 소비자 | 教科書 교과서 | 購入 구입 | フィンランド
핀란드(북유럽의 공화국) | 森林 삼림

✏️ **문장으로 단어를 익히고 손으로 직접 써보세요**

国防 こくぼう 국방	きょういく ひ　　そうがく　　こくぼう ひ　　さくげん 教育費は増額され、国防費は削減されたという。 교육비는 증액되고 국방비는 삭감되었다고 한다.
国防	教育費は増額され、国防費は削減されたという。

国有 こくゆう 국유	くに　　しょゆう　　ざいさん　こくゆうざいさん 国が所有する財産を国有財産という。 국가가 소유한 재산을 국유 재산이라고 한다.
国有	国が所有する財産を国有財産という。

個性 こ せい 개성	かれ　　こ せい　　つよ　　　　　　　　　　　えん 彼は個性の強いキャラクターを演じた。 그는 개성이 강한 캐릭터를 연기했다.
個性	彼は個性の強いキャラクターを演じた。

個別 こ べつ 개별	こ べつほうそう　　　　もち　えいせいてき　　た 個別包装された餅は衛生的で食べやすい。 개별 포장된 떡은 위생적이며 먹기 좋다.
個別	個別包装された餅は衛生的で食べやすい。

きょういく ひ　　　　　　そうがく　　　　　さくげん　　　　　しょゆう　　　　　ざいさん
教育費 교육비 | 増額 증액 | 削減 삭감 | 所有 소유 | 財産 재산 | キャラクター
　　　　　　　　　ほうそう　　　　もち　　えいせいてき
캐릭터 | 包装 포장 | 餅 떡 | 衛生的 위생적

✏️ 문장으로 단어를 익히고 손으로 직접 써보세요

孤児 こじ	5歳で両親を亡くして孤児になった。
고아	다섯 살에 부모님을 잃고 고아가 되었다.
孤児	5歳で両親を亡くして孤児になった。

故人 こじん	故人の冥福を祈るために弔問に行ってきた。
고인	고인의 명복을 빌기 위해 조문을 다녀왔다.
故人	故人の冥福を祈るために弔問に行ってきた。

古代 こだい	古代の遺物が発見され、話題になっている。
고대	고대 유물이 발견되어 화제가 되고 있다.
古代	古代の遺物が発見され、話題になっている。

根気 こんき	根気が足りなければマラソン完走は不可能だ。
끈기	끈기가 부족하면 마라톤 완주는 불가능하다.
根気	根気が足りなければマラソン完走は不可能だ。

亡くす 잃다/여의다/사별하다 | 冥福 명복/내세의 행복 | 祈る 빌다/신불에 기도하다/진심으로 바라다 | 弔問 조문 | 遺物 유물 | 話題 화제 | マラソン 마라톤 | 完走 완주 | 不可能 불가능

번호	단어	읽는 법	뜻	체크
1	差額	さがく	차액	☐
2	詐欺	さぎ	사기	☐
3	座標	ざひょう	좌표	☐
4	細菌	さいきん	세균	☐
5	財源	ざいげん	재원	☐
6	財政	ざいせい	재정	☐
7	在庫	ざいこ	재고	☐
8	最善	さいぜん	최선	☐
9	作戦	さくせん	작전	☐
10	雑貨	ざっか	잡화	☐
11	削減	さくげん	삭감	☐
12	殺人	さつじん	살인	☐
13	残金	ざんきん	잔금	☐
14	山脈	さんみゃく	산맥	☐
15	飼育	しいく	사육	☐
16	歯科	しか	치과	☐
17	市場	しじょう	시장	☐
18	視覚	しかく	시각	☐
19	色彩	しきさい	색채	☐
20	資格	しかく	자격	☐

✏️ 문장으로 단어를 익히고 손으로 직접 써보세요

さがく **差額**	かわせ　　　　　へんどう　　　さがく　　はっせい 為替レートの変動により差額が発生することがある。
차액	환율 변동에 따라 차액이 발생할 수 있다.
差額	為替レートの変動により差額が発生することがある。

さぎ **詐欺**	さぎようぎ　　うった　　　　ひと　むじつ　しゅちょう 詐欺容疑で訴えられた人が無実を主張している。
사기	사기 혐의로 피소된 사람이 억울함을 주장하고 있다.
詐欺	詐欺容疑で訴えられた人が無実を主張している。

ざひょう **座標**	かれ　ちず　み　　　もくてきち　ざひょう　えが 彼は地図を見ながら目的地の座標を描いた。
좌표	그는 지도를 보면서 목적지의 좌표를 그렸다.
座標	彼は地図を見ながら目的地の座標を描いた。

さいきん **細菌**	さいきんかんせん　　えんしょう　ちりょう　う 細菌感染による炎症で治療を受けている。
세균	세균 감염으로 인한 염증으로 치료를 받고 있다.
細菌	細菌感染による炎症で治療を受けている。

かわせ　　　　　　　　　　　　へんどう　　　　　　はっせい　　　　　　　ようぎ　　　　　　うった
為替レート 환율 ｜ 変動 변동 ｜ 発生 발생 ｜ 容疑 혐의 ｜ 訴える 소송하다/고소하다 ｜
むじつ　　　　　　　　　　　　　しゅちょう　　　　　　ちず　　　　　　もくてきち　　　　　　かんせん　　　　　　えんしょう
無実 억울함/사실이 아님 ｜ 主張 주장 ｜ 地図 지도 ｜ 目的地 목적지 ｜ 感染 감염 ｜ 炎症
ちりょう
염증 ｜ 治療 치료

[N1 명사] さ행 단어 쓰기 02

✏️ 문장으로 단어를 익히고 손으로 직접 써보세요

ざいげん **財源** 재원	ざいせいうんえい　ひつよう　ざいげん　かくほ　いそ 財政運営に必要な財源の確保が急がれる。 재정 운영에 필요한 재원 확보가 시급하다.
財源	財政運営に必要な財源の確保が急がれる。

ざいせい **財政** 재정	こっか　ざいせいきき　ひん　じょうきょう 国家は財政危機に瀕している状況だ。 국가는 재정위기에 처한 상황이다.
財政	国家は財政危機に瀕している状況だ。

ざいこ **在庫** 재고	はんばい　しゅうりょう　りゆう　ざいこぶそく 販売が終了した理由は在庫不足だった。 판매가 종료된 이유는 재고 부족이었다.
在庫	販売が終了した理由は在庫不足だった。

さいぜん **最善** 최선	わたし　ほうほう　さいぜん 私にはこの方法が最善だった。 나에게는 이 방법이 최선이었다.
最善	私にはこの方法が最善だった。

ざいせい 財政 재정 | うんえい 運営 운영 | ひつよう 必要 필요 | かくほ 確保 확보 | こっか 国家 국가 | きき 危機 위기 | ひん 瀕する 절박한 형편에 처하다/직면하다 | じょうきょう 状況 상황 | はんばい 販売 판매 | しゅうりょう 終了 종료 | りゆう 理由 이유 | ぶそく 不足 부족 | ほうほう 方法 방법

[N1 명사] さ행 단어 쓰기 03

✏️ **문장으로 단어를 익히고 손으로 직접 써보세요**

さくせん **作戦** 작전	しあい まえ さくせんかいぎ 試合を前に作戦会議をした。 시합을 앞두고 작전 회의를 했다.
作戦	試合を前に作戦会議をした。

ざっか **雑貨** 잡화	ざっか しょうひん ぜんぶ ちゅう 雑貨コーナーの商品は全部セール中です。 잡화 코너의 상품은 전부 세일 중입니다.
雑貨	雑貨コーナーの商品は全部セール中です。

さくげん **削減** 삭감	きょういくひ いちぶ さくげん よてい 教育費の一部が削減される予定だ。 교육비의 일부가 삭감될 예정이다.
削減	教育費の一部が削減される予定だ。

さつじん **殺人** 살인	れんぞくさつじんじけん ようぎしゃ しめいてはい 連続殺人事件の容疑者が指名手配された。 연쇄 살인 사건의 용의자가 지명 수배되었다.
殺人	連続殺人事件の容疑者が指名手配された。

かいぎ しょうひん ぜんぶ きょういくひ いちぶ よてい れんぞく
会議 회의 ｜ 商品 상품 ｜ 全部 전부 ｜ 教育費 교육비 ｜ 一部 일부 ｜ 予定 예정 ｜ 連続
연쇄/계속해서 이어지거나 지속하는 것 ｜ じけん ようぎしゃ しめいてはい
事件 사건 ｜ 容疑者 용의자 ｜ 指名手配 지명수배

✏️ **문장으로 단어를 익히고 손으로 직접 써보세요**

残金 ざんきん	ざんきん　らいしゅう　にゅうきん 残金は来週までに入金します。
잔금	잔금은 다음 주까지 입금하겠습니다.
残金	残金は来週までに入金します。

山脈 さんみゃく	さんみゃく　　　　　　よこぎ　さんみゃく アルプス山脈はヨーロッパを横切る山脈です。
산맥	알프스산맥은 유럽을 가로지르는 산맥입니다.
山脈	アルプス山脈はヨーロッパを横切る山脈です。

飼育 しいく	いっていちいき　　かちく　しいく　せいげん 一定地域では家畜の飼育を制限することもある。
사육	일정 지역에서는 가축 사육을 제한하기도 한다.
飼育	一定地域では家畜の飼育を制限することもある。

歯科 しか	しか　けんしん　むりょう　う 歯科検診を無料で受けられます。
치과	치과 검진을 무료로 받을 수 있습니다.
歯科	歯科検診を無料で受けられます。

入金 입금 ｜ アルプス 알프스 ｜ ヨーロッパ 유럽 ｜ 横切る 가로지르다/횡단하다 ｜ 地域 지역 ｜ 家畜 가축 ｜ 制限 제한 ｜ 検診 검진 ｜ 無料 무료

✏️ 문장으로 단어를 익히고 손으로 직접 써보세요

しじょう **市場**	最近、金融市場が尋常でない動きを見せている。
시장	최근 금융시장이 심상치 않은 움직임을 보이고 있다.
市場	最近、金融市場が尋常でない動きを見せている。

しかく **視覚**	視覚障害の原因は何ですか。
시각	시각장애의 원인은 무엇입니까?
視覚	視覚障害の原因は何ですか。

しきさい **色彩**	紅葉は美しい色彩に染まっていた。
색채	단풍은 아름다운 색채로 물들어 있었다.
色彩	紅葉は美しい色彩に染まっていた。

しかく **資格**	職務に必要な資格を備えなければならない。
자격	직무에 필요한 자격을 갖추어야 한다.
資格	職務に必要な資格を備えなければならない。

金融 금융 | 障害 장애/장해 | 原因 원인 | 紅葉 단풍/단풍이 듦 | 染まる 물들다 |
職務 직무 | 必要 필요 | 備える 준비하다/대비하다/갖추다

번호	단어	읽는 법	뜻	체크
1	資金	しきん	자금	☐
2	資産	しさん	자산	☐
3	嗜好	しこう	기호	☐
4	刺繍	ししゅう	자수	☐
5	施設	しせつ	시설	☐
6	質疑	しつぎ	질의	☐
7	始発	しはつ	첫차	☐
8	私有	しゆう	사유	☐
9	司法	しほう	사법	☐
10	磁器	じき	자기	☐
11	事前	じぜん	사전	☐
12	事業	じぎょう	사업	☐
13	地獄	じごく	지옥	☐
14	時差	じさ	시차	☐
15	字体	じたい	글자체	☐
16	社交	しゃこう	사교	☐
17	社宅	しゃたく	사택	☐
18	砂利	じゃり	자갈	☐
19	主演	しゅえん	주연	☐
20	主観	しゅかん	주관	☐

✏️ 문장으로 단어를 익히고 손으로 직접 써보세요

しきん **資金**	こづか た りょこう しきん ようい 小遣いを貯めて旅行資金を用意した。
자금	용돈을 모아 여행 자금을 마련했다.
資金	小遣いを貯めて旅行資金を用意した。

しさん **資産**	しさん ぶんかつ かんり 資産は分割して管理しています。
자산	자산은 분할하여 관리하고 있습니다.
資産	資産は分割して管理しています。

しこう **嗜好**	じぶん しこうひん かくじ ようい 自分の嗜好品は各自用意しなければならない。
기호	자신의 기호품은 각자 준비해야 한다.
嗜好	自分の嗜好品は各自用意しなければならない。

ししゅう **刺繍**	はな ししゅう い ハンカチには花の刺繍が入れられている。
자수	손수건에는 꽃 자수가 수놓아져 있다.
刺繍	ハンカチには花の刺繍が入れられている。

こづか た りょこう ようい ぶんかつ
小遣い 용돈 ┃ 貯める 모으다/저축하다 ┃ 旅行 여행 ┃ 用意 대비/준비 ┃ 分割 분할 ┃

かんり かくじ ようい
管理 관리 ┃ 各自 각자 ┃ 用意 용의/준비

✏️ **문장으로 단어를 익히고 손으로 직접 써보세요**

施設 しせつ	おんせん しゅくはく しせつ さが 温泉のある宿泊施設を探しています。
시설	온천이 있는 숙박시설을 찾고 있습니다.
施設	温泉のある宿泊施設を探しています。

質疑 しつぎ	しつぎ おうとう じかん じゅうごふん 質疑応答の時間は15分です。
질의	질의응답 시간은 15분입니다.
質疑	質疑応答の時間は15分です。

始発 しはつ	しはつ ごぜんろくじ 始発は午前6時です。
첫차	첫차는 오전 6시입니다.
始発	始発は午前6時です。

私有 しゆう	かれ しゆうざいさん はんぶんいじょう とち 彼の私有財産の半分以上は土地です。
사유	그의 사유재산의 절반 이상은 토지입니다.
私有	彼の私有財産の半分以上は土地です。

おんせん
温泉 온천/온천장 | しゅくはく
宿泊 숙박/자기 집 이외의 장소에 묵는 것 | さが
探す 찾다 | しつぎ おうとう
質疑応答
ごぜん
질의응답 | 午前 오전 | ざいさん
財産 재산 | はんぶん
半分 반/절반 | いじょう
以上 이상 | とち
土地 토지

✏️ 문장으로 단어를 익히고 손으로 직접 써보세요

しほう **司法** 사법	かのじょ　しほう　しけん　ごうかく　　はんじ 彼女は司法試験に合格して判事になった。 그녀는 사법시험에 합격해서 판사가 되었다.
司法	彼女は司法試験に合格して判事になった。

じき **磁器** 자기	てづく　　　じき　　かま　　い　　　や 手作りの磁器を窯に入れて焼いた。 손수 빚은 자기를 가마에 넣고 구웠다.
磁器	手作りの磁器を窯に入れて焼いた。

じぜん **事前** 사전	はくぶつかん　　じぜん　よやく　　　　　　　　にゅうじょう 博物館は事前に予約しなければ入場できません。 박물관은 사전에 예약해야 입장이 가능합니다.
事前	博物館は事前に予約しなければ入場できません。

じぎょう **事業** 사업	じぎょう　きき　　　　　　　けっ 事業に危機があったが、決してあきらめなかった。 사업에 위기가 있었지만, 절대로 포기하지 않았다.
事業	事業に危機があったが、決してあきらめなかった。

ごうかく　　　　　　　はんじ　　　　　　　てづく　　　　　　　　　　　　　　かま　　　　　や
合格 합격 | **判事** 판사 | **手作り** 수제/손수 만듦 | **窯** 가마 | **焼く** 태우다/불을 붙이다 |
はくぶつかん　　　　　　　よやく　　　　　にゅうじょう　　　　　きき　　　　　けっ
博物館 박물관 | **予約** 예약 | **入場** 입장 | **危機** 위기 | **決して** 결코/절대로 | **あきらめる**
체념하다/단념하다

[N1 명사] さ행 단어 쓰기 04

✏️ 문장으로 단어를 익히고 손으로 직접 써보세요

地獄 (じごく)	私は天国と地獄の存在を信じない。 (わたし てんごく じごく そんざい しん)
지옥	나는 천국과 지옥의 존재를 믿지 않는다.
地獄	私は天国と地獄の存在を信じない。

時差 (じさ)	ソウルとハノイは2時間の時差がある。 (にじかん じさ)
시차	서울과 하노이는 2시간의 시차가 있다.
時差	ソウルとハノイは2時間の時差がある。

字体 (じたい)	きれいな字体を見ると、真似して書きたくなる。 (じたい み まね か)
글자체	예쁜 글씨체를 보면 따라 쓰고 싶어진다.
字体	きれいな字体を見ると、真似して書きたくなる。

社交 (しゃこう)	彼女は社交的なので、友だちが多いです。 (かのじょ しゃこうてき とも おお)
사교	그녀는 사교적이라서 친구가 많습니다.
社交	彼女は社交的なので、友だちが多いです。

天国 천국 | 存在 존재 | ソウル 서울(지명) | ハノイ 하노이(지명) | 真似 흉내/시늉/모방

[N1 명사] さ행 단어 쓰기 05

✏️ **문장으로 단어를 익히고 손으로 직접 써보세요**

しゃたく **社宅**	さんねんかんしゃたく せいかつ 3年間社宅で生活しました。
사택	3년간 사택에서 생활했습니다.
社宅	3年間社宅で生活しました。

じゃり **砂利**	か だん まわ しろ じゃり し 花壇の周りに白い砂利が敷かれている。
자갈	화단 주위에 하얀 자갈이 깔려 있다.
砂利	花壇の周りに白い砂利が敷かれている。

しゅえん **主演**	しゅえんはいゆう ふ しょう さつえい えん き 主演俳優の負傷で撮影が延期されました。
주연	주연배우의 부상으로 촬영이 연기되었습니다.
主演	主演俳優の負傷で撮影が延期されました。

しゅかん **主観**	かれ じ ぶん しゅかん せいねん 彼は自分の主観がはっきりしている青年だった。
주관	그는 자신의 주관이 뚜렷한 청년이었다.
主観	彼は自分の主観がはっきりしている青年だった。

せいかつ かだん し はいゆう ふしょう さつえい
生活 생활 | **花壇** 화단 | **敷く** 깔다/밑에 펴다 | **俳優** 배우 | **負傷** 부상 | **撮影** 촬영 |
えんき じぶん せいねん
延期 연기 | **自分** 자기/자신/스스로 | **はっきり** 명확히/분명히/확실히 | **青年** 청년

번호	단어	읽는 법	뜻	체크
1	主食	しゅしょく	주식	☐
2	主題	しゅだい	주제	☐
3	手芸	しゅげい	수예/수공예	☐
4	手法	しゅほう	수법	☐
5	首脳	しゅのう	수뇌	☐
6	守衛	しゅえい	수위	☐
7	守備	しゅび	수비	☐
8	種々	しゅじゅ	여러 가지	☐
9	終始	しゅうし	시종	☐
10	実質	じっしつ	실질	☐
11	実態	じったい	실태	☐
12	失調	しっちょう	실조	☐
13	式場	しきじょう	식장	☐
14	若干	じゃっかん	약간	☐
15	収益	しゅうえき	수익	☐
16	修学	しゅうがく	수학	☐
17	修士	しゅうし	석사	☐
18	周期	しゅうき	주기	☐
19	宿命	しゅくめい	숙명	☐
20	出生	しゅっしょう	출생	☐

✏️ **문장으로 단어를 익히고 손으로 직접 써보세요**

しゅしょく **主食**	かんこくじん　べいはん　しゅしょく　　　た 韓国人は米飯を主食として食べます。
주식	한국인은 쌀밥을 주식으로 먹습니다.
主食	韓国人は米飯を主食として食べます。

しゅだい **主題**	かれ　はなし　かいぎ　　しゅだい　　　ほどとお 彼の話は会議の主題とは程遠い。
주제	그의 이야기는 회의 주제와는 거리가 멀다.
主題	彼の話は会議の主題とは程遠い。

しゅげい **手芸**	きょねん　　しゅみ　しゅげい　なら 去年から趣味で手芸を習っています。
수예/수공예	작년부터 취미로 수공예를 배우고 있습니다.
手芸	去年から趣味で手芸を習っています。

しゅほう **手法**	けんしょう　　しゅほう　つか　　　　　　　　せいかくせい　かくにん 検証された手法を使ってデータの正確性を確認した。
수법	검증된 수법을 사용해 데이터의 정확성을 확인했다.
手法	検証された手法を使ってデータの正確性を確認した。

べいはん　　　　　　　　　　かいぎ　　　　　　　　ほどとお
米飯 미반/쌀밥 ｜ **会議** 회의 ｜ **程遠い** (거리·시간 등이)좀 멀다/동떨어지다/걸맞지 않다 ｜
しゅみ　　　　なら　　　　　　　　　　　　けんしょう　　　　せいかくせい　　　　かくにん
趣味 취미 ｜ **習う** 배우다/연습하다/익히다 ｜ **検証** 검증 ｜ **正確性** 정확성 ｜ **確認** 확인

[N1 명사] さ행 단어 쓰기 02

✏️ 문장으로 단어를 익히고 손으로 직접 써보세요

首脳 (しゅのう)	会談が始まる前に各国の首脳は握手を交わした。 (かいだん はじ まえ かっこく しゅのう あくしゅ か)
수뇌	회담이 시작되기 전 각국의 정상들은 악수를 나누었다.
首脳	会談が始まる前に各国の首脳は握手を交わした。

守衛 (しゅえい)	守衛に訪問の目的を話す。 (しゅえい ほうもん もくてき はな)
수위	수위에게 방문 목적을 이야기한다.
守衛	守衛に訪問の目的を話す。

守備 (しゅび)	守備選手たちのミスで試合で負けてしまった。 (しゅび せんしゅ しあい ま)
수비	수비 선수들의 실수로 경기에서 지고 말았다.
守備	守備選手たちのミスで試合で負けてしまった。

種々 (しゅじゅ)	その点については種々の要因が考えられます。 (てん しゅじゅ よういん かんが)
여러 가지	그 점에 대해서는 여러 가지 요인을 생각할 수 있습니다.
種々	その点については種々の要因が考えられます。

会談 (かいだん) 회담 | 各国 (かっこく) 각국/각 나라 | 首脳 (しゅのう) 수뇌/조직이나 단체의 중심에 서서 지도적인 역할을 하는 사람 | 握手 (あくしゅ) 악수 | 交わす (か) 주고받다/교환하다 | 選手 (せんしゅ) 선수 | ミス 실수/질못 | 試合 (しあい) 경기/시합 | 負ける (ま) 지다/패하다 | 要因 (よういん) 요인

✏️ 문장으로 단어를 익히고 손으로 직접 써보세요

しゅうし **終始**	かのじょ　しゅうし　いっかん　　れいせい　すがた　み 彼女は終始一貫して冷静な姿を見せた。
시종	그녀는 시종일관 냉정한 모습을 보였다.
終始	彼女は終始一貫して冷静な姿を見せた。

じっしつ **実質**	あんけん　　じっしつてき　　かれ　て がら この案件は実質的には彼の手柄だ。
실질	이 안건은 실질적으로 그의 공적이다.
実質	この案件は実質的には彼の手柄だ。

じったい **実態**	せい ふ　かんきょうお せん　じったい　は あく　たいさく　こう 政府は環境汚染の実態を把握し、対策を講じている。
실태	정부는 환경오염의 실태를 파악하고 대책을 마련하고 있다.
実態	政府は環境汚染の実態を把握し、対策を講じている。

しっちょう **失調**	た　もの　　　　　　　　　　　せっしゅ　　えいようしっちょう 食べ物をバランスよく摂取せず、栄養失調になった。
실조	음식을 골고루 섭취하지 않아 영양실조에 걸렸다.
失調	食べ物をバランスよく摂取せず、栄養失調になった。

いっかん
一貫 일관/처음부터 끝까지 한 이치로 꿰뚫음 | れいせい
冷静 냉정 | すがた
姿 맵시/모습/모양 | あんけん
案件 안건 |
て がら
手柄 공훈/공로/공적 | せい ふ
政府 정부 | かんきょうお せん
環境汚染 환경오염 | は あく
把握 파악 | たいさく
対策 대책 | こう
**講じ
る** 강구하다 | せっしゅ
摂取 섭취 | えいよう
栄養 영양

[N1 명사] さ행 단어 쓰기 04

✏️ **문장으로 단어를 익히고 손으로 직접 써보세요**

しきじょう **式場** 식장	しきじょう　なか　　かお　　　　よ　　はな **式場**の中は香りの良い花がいっぱいでした。 식장 안은 향기로운 꽃들이 가득했습니다.
式場	式場の中は香りの良い花がいっぱいでした。

じゃっかん **若干** 약간	かぜ　ふ　　　　　　　　　　じゃっかんさむ　　　かん 風が吹いたせいか、**若干**寒く感じられた。 바람이 불어서인지 약간 춥게 느껴졌다.
若干	風が吹いたせいか、若干寒く感じられた。

しゅうえき **収益** 수익	かいしゃ　しゅうえき　　おおはば　　げんしょう 会社の**収益**が大幅に減少した。 회사의 수익이 대폭 감소했다.
収益	会社の収益が大幅に減少した。

しゅうがく **修学** 수학	しゅうがくりょこう　　えんき　　　　　　せいと **修学**旅行が延期されて生徒たちはがっかりした。 수학여행이 연기되어 학생들이 실망했다.
修学	修学旅行が延期されて生徒たちはがっかりした。

かお
香り 향기/좋은 냄새 ｜ かぜ　ふ
風が吹く 바람이 불다 ｜ おおはば
大幅 광폭/보통보다 폭이 넓은 것 ｜ げんしょう
減少
감소 ｜ りょこう
旅行 여행 ｜ えんき
延期 연기 ｜ がっかり 실망/낙담하는 모양

[N1 명사] さ행 단어 쓰기 05

✏️ 문장으로 단어를 익히고 손으로 직접 써보세요

しゅうし 修士 석사	かのじょ　げんごがく　しゅうしがくい　しゅとく 彼女は言語学の修士学位を取得した。 그녀는 언어학 석사학위를 취득했다.
修士	彼女は言語学の修士学位を取得した。

しゅうき 周期 주기	かのじょ　　げっけいしゅうき 彼女は月経周期をカレンダーにチェックしておく。 그녀는 월경 주기를 달력에 체크해 놓는다.
周期	彼女は月経周期をカレンダーにチェックしておく。

しゅくめい 宿命 숙명	わたし　しゅくめい　　　　　　　　　　おも もしかすると私の宿命ではないかと思った。 어쩌면 나의 숙명이 아닐까 하고 생각했다.
宿命	もしかすると私の宿命ではないかと思った。

しゅっしょう 出生 출생	むすこ　う　　　　よくじつ　　　　しゅっしょうとどけ　だ 息子が生まれた翌日、すぐに出生届を出しました。 아들이 태어난 다음 날 바로 출생신고를 했습니다.
出生	息子が生まれた翌日、すぐに出生届を出しました。

げんごがく　　　　　　　　　がくい　　　　　　しゅとく　　　　　　げっけい
言語学 언어학 | 学位 학위 | 取得 취득 | 月経 월경 | カレンダー 캘린더/달력 | チェ

ック 체크 | もしかすると 어쩌면 | 思う 생각하다/헤아려 판단하다 | 息子 아들/자식 |
　　　　　　　　　　　　　　　　　　　　おも　　　　　　　　　　　　　　むすこ

よくじつ　　　　　　　　　　とどけ
翌日 익일/다음 날 | 届 신고/신고서

번호	단어	읽는 법	뜻	체크
1	出費	しゅっぴ	지출	☐
2	情緒	じょうちょ	정서	☐
3	証拠	しょうこ	증거	☐
4	衝撃	しょうげき	충격	☐
5	消息	しょうそく	소식	☐
6	正体	しょうたい	정체	☐
7	照明	しょうめい	조명	☐
8	職員	しょくいん	직원	☐
9	職務	しょくむ	직무	☐
10	所在	しょざい	소재	☐
11	所得	しょとく	소득	☐
12	庶民	しょみん	서민	☐
13	人格	じんかく	인격	☐
14	人体	じんたい	인체	☐
15	新婚	しんこん	신혼	☐
16	新人	しんじん	신인	☐
17	紳士	しんし	신사	☐
18	真実	しんじつ	진실	☐
19	心情	しんじょう	심정	☐
20	神秘	しんぴ	신비	☐
번호	단어	읽는 법	뜻	체크

✎ 문장으로 단어를 익히고 손으로 직접 써보세요

出費 しゅっぴ 지출	夫は出費を減らすために酒をやめた。 남편은 지출을 줄이기 위해 술을 끊었다.
出費	夫は出費を減らすために酒をやめた。

情緒 じょうちょ 정서	児童虐待の被害者は情緒不安な場合が多い。 아동학대 피해자는 정서가 불안한 경우가 많다.
情緒	児童虐待の被害者は情緒不安な場合が多い。

証拠 しょうこ 증거	裁判官は証拠に基づいて判決します。 판사는 증거를 근거로 판결합니다.
証拠	裁判官は証拠に基づいて判決します。

衝撃 しょうげき 충격	彼の突然の事故の知らせは衝撃だった。 그의 갑작스러운 사고 소식은 충격이었다.
衝撃	彼の突然の事故の知らせは衝撃だった。

減らす 줄이다/감하다 | 児童虐待 아동학대 | 被害者 피해자 | 不安 불안 | 場合 사정/경우/케이스 | 裁判官 재판관/법관 | 基づく 기초를 두다/의거하다/기인하다 | 判決 판결 | 突然 돌연/갑자기 | 事故 사고 | 知らせ 알림/통지/소식

[N1 명사] さ행 단어 쓰기 02

✎ 문장으로 단어를 익히고 손으로 직접 써보세요

しょうそく **消息** 소식	かのじょ しょうそく と だ さんねん 彼女の消息が途絶えてから3年になった。 그녀의 소식이 끊긴 지 3년이 되었다.
消息	彼女の消息が途絶えてから3年になった。

しょうたい **正体** 정체	はんにん しょうたい あき いまだに犯人の正体が明らかになっていない。 아직도 범인의 정체가 밝혀지지 않았다.
正体	いまだに犯人の正体が明らかになっていない。

しょうめい **照明** 조명	しょうめい こうかん リビングの照明をLEDに交換しました。 거실 조명을 LED로 교체했습니다.
照明	リビングの照明をLEDに交換しました。

しょくいん **職員** 직원	しょくいんかいぎ さんがい かいぎしつ おこな 職員会議は3階の会議室で行います。 직원회의는 3층 회의실에서 합니다.
職員	職員会議は3階の会議室で行います。

と だ
途絶える 끊어지다/두절되다 ㅣ いまだに 아직껏/아직(까지)도/현재까지도 ㅣ 犯人 범인 ㅣ

リビング 리빙(거실, 응접실) ㅣ こうかん 交換 교환 ㅣ かいぎ 会議 회의 ㅣ かいぎしつ 会議室 회의실 ㅣ おこな 行う 행하다/처리

하다/시행하다

[N1 명사] さ행 단어 쓰기 03

✏️ 문장으로 단어를 익히고 손으로 직접 써보세요

しょく む **職務** 직무	てい き てき　　しょくむ　　かん　　きょういく　　う 定期的に職務に関する教育を受けています。
	정기적으로 직무에 관한 교육을 받고 있습니다.
職務	定期的に職務に関する教育を受けています。

しょざい **所在** 소재	せきにん　　しょざい　　めいかく　　　　　　じ けん　　さいちょう さ 責任の所在を明確にするため、事件を再調査する。
	책임의 소재를 명확히 하기 위해 사건을 재조사한다.
所在	責任の所在を明確にするため、事件を再調査する。

しょとく **所得** 소득	さくねん　　くら　　　　しょとく　　ぞう か 昨年に比べて所得が増加した。
	작년에 비해 소득이 증가했다.
所得	昨年に比べて所得が増加した。

しょみん **庶民** 서민	ぶっ か　　じょうしょう　　しょみん　　　　　　ふ たん 物価の上昇は庶民にとって負担になる。
	물가 상승은 서민에게 부담이 된다.
庶民	物価の上昇は庶民にとって負担になる。

ていきてき　　　　　　　　かん　　　　　　　　　　　　　きょういく　　　　　う　　　　　　　せきにん
定期的 정기적 ｜ 関する 관하다/관계하다 ｜ 教育 교육 ｜ 受ける 받다 ｜ 責任 책임 ｜
めいかく　　　　じ けん　　　　　さいちょう さ　　　　　　さくねん　　　　　　　　くら
明確 명확 ｜ 事件 사건 ｜ 再調査 재조사 ｜ 昨年 작년/지난해 ｜ 比べる 비교하다/대조하
ぞう か　　　　　　ぶっ か　　　　　じょうしょう　　　　　　ふ たん
다 ｜ 増加 증가 ｜ 物価 물가 ｜ 上昇 상승 ｜ 負担 부담

✎ **문장으로 단어를 익히고 손으로 직접 써보세요**

じんかく **人格** 인격	あらっぽい言い方はその人の人格を表すこともある。 거친 말투는 그 사람의 인격을 나타내기도 한다.
人格	荒っぽい言い方はその人の人格を表すこともある。

じんたい **人体** 인체	おもちゃから人体に有害な物質が検出された。 장난감에서 인체에 유해한 물질이 검출되었다.
人体	おもちゃから人体に有害な物質が検出された。

しんこん **新婚** 신혼	新婚旅行はハワイに行く予定です。 신혼여행은 하와이로 갈 예정입니다.
新婚	新婚旅行はハワイに行く予定です。

しんじん **新人** 신인	彼女は小説新人賞を受賞し、喜びの涙を流した。 그녀는 소설 신인상을 받고 기쁨의 눈물을 흘렸다.
新人	彼女は小説新人賞を受賞し、喜びの涙を流した。

荒っぽい 난폭하다/거칠다 | 言い方 말씨/말투 | 表す 나타내다/증명하다/표현하다 |

おもちゃ 장난감/완구 | 有害 유해 | 物質 물질 | 検出 검출 | 旅行 여행 | 予定 예정 |

受賞 수상/상을 받음 | 喜び 기쁨 | 涙 눈물

[N1 명사] さ행 단어 쓰기 05

✏️ 문장으로 단어를 익히고 손으로 직접 써보세요

しんし **紳士**	おも 思いやりのある彼の姿は紳士的だった。
신사	배려심 있는 그의 모습은 신사적이었다.
紳士	思いやりのある彼の姿は紳士的だった。

しんじつ **真実**	じけん しんじつ つ と ねむ 事件の真実を突き止めるまで眠れなかった。
진실	사건의 진실을 밝혀내기 전까지 잠을 이루지 못했다.
真実	事件の真実を突き止めるまで眠れなかった。

しんじょう **心情**	かれ ひつう しんじょう かん 彼の悲痛な心情が感じられた。
심정	그의 비통한 심정이 느껴졌다.
心情	彼の悲痛な心情が感じられた。

しんぴ **神秘**	しぜん しんぴ たいけん どうくつ はっけん 自然の神秘を体験できる洞窟が発見された。
신비	자연의 신비를 체험할 수 있는 동굴이 발견되었다.
神秘	自然の神秘を体験できる洞窟が発見された。

おも
思いやり 배려/사려깊음/동정심 | すがた
姿 맵시/모양/모습 | じけん
事件 사건 | つ と
突き止める (철저히 조사하여)밝혀내다/알아내다 | ひつう
悲痛 비통 | しぜん
自然 자연 | たいけん
体験 체험 | どうくつ
洞窟 동굴 | はっけん
発見 발견

12일차 단어 미리 보기 알고 있는 단어를 체크해 보세요

번호	단어	읽는 법	뜻	체크
1	進度	しんど	진도	☐
2	成果	せいか	성과	☐
3	成年	せいねん	성년	☐
4	正義	せいぎ	정의	☐
5	生計	せいけい	생계	☐
6	生死	せいし	생사	☐
7	生理	せいり	생리	☐
8	政権	せいけん	정권	☐
9	星座	せいざ	별자리	☐
10	制裁	せいさい	제재	☐
11	是正	ぜせい	시정	☐
12	青春	せいしゅん	청춘	☐
13	製法	せいほう	제조 방법	☐
14	勢力	せいりょく	세력	☐
15	折衷	せっちゅう	절충	☐
16	世論	せろん/よろん	여론	☐
17	絶版	ぜっぱん	절판	☐
18	専用	せんよう	전용	☐
19	訴訟	そしょう	소송	☐
20	側面	そくめん	측면	☐

✎ 문장으로 단어를 익히고 손으로 직접 써보세요

しんど **進度** 진도	しんど　おそ　きょうか　ほこう　　　ばあい **進度**が遅い教科は補講をする場合もある。
	진도가 느린 교과는 보강을 하는 경우도 있다.
進度	進度が遅い教科は補講をする場合もある。

せいか **成果** 성과	どりょく　わり　ていちょう　せいか　　しつぼう 努力の割に低調な**成果**に失望した。
	노력에 비해 저조한 성과에 실망했다.
成果	努力の割に低調な成果に失望した。

せいねん **成年** 성년	に ほん　ほうりつじょう　せいねん　じゅうはっさい い じょう 日本で法律上の**成年**は18歳以上とされている。
	일본에서 법률상 성년은 18세 이상으로 알려져 있다.
成年	日本で法律上の成年は18歳以上とされている。

せい ぎ **正義** 정의	わたし　　しゃかい　せいぎ　ついきゅう 私たちは社会の**正義**を追求する。
	우리는 사회의 정의를 추구한다.
正義	私たちは社会の正義を追求する。

おそ
遅い 늦다/느리다/더디다 | きょうか
教科 교과 | ほこう
補講 보강 | ばあい
場合 사정/형편/경우/케이스 | どりょく
努力

노력 | ていちょう
低調 저조 | しつぼう
失望 실망 | ほうりつ
法律 법률 | しゃかい
社会 사회 | ついきゅう
追求 추구

[N1 명사] さ행 단어 쓰기 02

✏️ 문장으로 단어를 익히고 손으로 직접 써보세요

生計 (せいけい) 생계	彼女(かのじょ)はアルバイトで生計(せいけい)を立(た)てています。 그녀는 아르바이트로 생계를 유지하고 있습니다.
生計	彼女はアルバイトで生計を立てています。

生死 (せいし) 생사	いまだに彼(かれ)の生死(せいし)を知(し)る術(すべ)がない。 아직(까지)도 그의 생사를 알 길이 없다.
生死	いまだに彼の生死を知る術がない。

生理 (せいり) 생리	あくびやおならは生理(せいり)現象(げんしょう)です。 하품이나 방귀는 생리현상입니다.
生理	あくびやおならは生理現象です。

政権 (せいけん) 정권	独裁(どくさい)政権(せいけん)に対(たい)する非難(ひなん)の声(こえ)が上(あ)がった。 독재정권에 대한 비난의 목소리가 높아졌다.
政権	独裁政権に対する非難の声が上がった。

アルバイト 아르바이트 | 立(た)てる 세우다 | いまだに 아직껏/아직(까지)도/현재까지도 |
あくび 하품 | おなら 방귀 | 現象(げんしょう) 현상 | 独裁(どくさい) 독재 | 非難(ひなん) 비난

[N1 명사] さ행 단어 쓰기 03

✏️ 문장으로 단어를 익히고 손으로 직접 써보세요

せい ざ **星座**	**てんもんがくしゃ せつめい き せい ざ かんさつ** 天文学者の説明を聞きながら星座を観察した。
별자리	천문학자의 설명을 들으며 별자리를 관찰했다.
星座	天文学者の説明を聞きながら星座を観察した。

せいさい **制裁**	**い ほうこう い ほうりつ きび せいさい** 違法行為は法律で厳しく制裁されている。
제재	위법행위는 법률로 엄격하게 제재되고 있다.
制裁	違法行為は法律で厳しく制裁されている。

ぜ せい **是正**	**かいしゃ い はん じ こう ぜ せいめいれい う** 会社は違反事項について是正命令を受けた。
시정	회사는 위반 사항에 대해 시정 명령을 받았다.
是正	会社は違反事項について是正命令を受けた。

せいしゅん **青春**	**せいしゅん じ だい おも で たからもの** 青春時代の思い出は宝物のようだ。
청춘	청춘 시절의 추억은 보물과 같다.
青春	青春時代の思い出は宝物のようだ。

てんもんがくしゃ せつめい かんさつ い ほう こう い ほうりつ
天文学者 천문학자 | 説明 설명 | 観察 관찰 | 違法 위법 | 行為 행위 | 法律 법률 |
きび い はん じ こう めいれい じ だい おも
厳しい 엄하다/냉엄하다 | 違反 위반 | 事項 사항 | 命令 명령 | 時代 시대/시절 | 思い
で
出 추억/추상

[N1 명사] さ행 단어 쓰기 04

✏️ 문장으로 단어를 익히고 손으로 직접 써보세요

せいほう **製法**	この陶磁器の製法は古くから伝わっています。
제조 방법	이 도자기의 제조법은 오래전부터 전해져 왔습니다.
製法	この陶磁器の製法は古くから伝わっています。

せいりょく **勢力**	台風の勢力が次第に弱まっています。
세력	태풍의 세력이 점차 약해지고 있습니다.
勢力	台風の勢力が次第に弱まっています。

せっちゅう **折衷**	双方の意見を折衷した解決策です。
절충	양쪽 의견을 절충한 해결책입니다.
折衷	双方の意見を折衷した解決策です。

よろん **世論**	世論調査で圧倒的な支持を得ている候補です。
여론	여론조사에서 압도적인 지지를 받고 있는 후보입니다.
世論	世論調査で圧倒的な支持を得ている候補です。

陶磁器 도자기 | 台風 태풍 | 次第に 차츰/점점/차차 | 双方 쌍방/양쪽 | 意見 의견 |
解決策 해결책 | 調査 조사 | 圧倒的 압도적 | 支持 지지 | 得る 얻다/획득하다/손에 넣
다 | 候補 후보

✏️ **문장으로 단어를 익히고 손으로 직접 써보세요**

ぜっぱん **絶版** 절판	探していた本が絶版になり古本屋を訪ねた。 찾고 있던 책이 절판되어 헌책방을 찾아갔다.
絶版	探していた本が絶版になり古本屋を訪ねた。

せんよう **専用** 전용	右側の入り口は入居者専用です。 오른쪽 입구는 입주자 전용입니다.
専用	右側の入り口は入居者専用です。

そしょう **訴訟** 소송	国を相手取って損害賠償請求訴訟を起こした。 국가를 상대로 손해 배상 청구 소송을 제기했다.
訴訟	国を相手取って損害賠償請求訴訟を起こした。

そくめん **側面** 측면	色んな側面から考えてみる必要がある。 여러 가지 측면에서 생각해 볼 필요가 있다.
側面	色んな側面から考えてみる必要がある。

探す 찾다 | 古本屋 헌책방 | 訪ねる 찾다/방문하다 | 右側 우측/오른쪽 | 入り口 입구 | 入居者 입주자 | 相手取る 상대하여 다투다/상대로 하다 | 損害 손해 | 賠償 배상 | 請求 청구 | 色んな 여러 가지/가지각색의/갖가지 | 必要 필요

번호	단어	읽는 법	뜻	체크
1	大概	たいがい	대개	☐
2	大金	たいきん	거금	☐
3	待遇	たいぐう	대우	☐
4	体力	たいりょく	체력	☐
5	対等	たいとう	대등	☐
6	台本	だいほん	대본	☐
7	打撃	だげき	타격	☐
8	駄作	ださく	졸작	☐
9	単独	たんどく	단독	☐
10	弾力	だんりょく	탄력	☐
11	治安	ちあん	치안	☐
12	畜産	ちくさん	축산	☐
13	蓄積	ちくせき	축적	☐
14	知性	ちせい	지성	☐
15	中枢	ちゅうすう	중추	☐
16	中立	ちゅうりつ	중립	☐
17	聴覚	ちょうかく	청각	☐
18	長編	ちょうへん	장편	☐
19	著書	ちょしょ	저서	☐
20	定食	ていしょく	정식	☐

✎ 문장으로 단어를 익히고 손으로 직접 써보세요

たいがい **大概**	このくらい準備しておけば大概は成功する。
대개	이 정도 준비해 두면 대개는 성공한다.
大概	このくらい準備しておけば大概は成功する。

たいきん **大金**	大金を叩いて最新の携帯電話を購入した。
거금	거금을 들여 최신 핸드폰을 구입했다.
大金	大金を叩いて最新の携帯電話を購入した。

たいぐう **待遇**	VIP顧客になると特別待遇を受ける。
대우	VIP 고객이 되면 특별 대우를 받는다.
待遇	VIP顧客になると特別待遇を受ける。

たいりょく **体力**	毎日２時間ずつ運動しながら体力をつけています。
체력	매일 2시간씩 운동하면서 체력을 기르고 있습니다.
体力	毎日２時間ずつ運動しながら体力をつけています。

準備 준비 | 成功 성공 | 大金を叩く 큰 돈을 쓰다/거금을 들이다 | 最新 최신 | 携帯電話 휴대전화 | 購入 구입 | 顧客 고객 | 特別 특별 | 毎日 매일/날마다 | 運動 운동

✏️ **문장으로 단어를 익히고 손으로 직접 써보세요**

たいとう **対等** 대등	ともだちとの関係は対等でなければならない。 친구와의 관계는 대등해야 한다.
対等	友だちとの関係は対等でなければならない。

だいほん **台本** 대본	彼女は映画の台本を書くことに決心した。 그녀는 영화 대본을 쓰기로 결심했다.
台本	彼女は映画の台本を書くことに決心した。

だげき **打撃** 타격	不景気で会社の経営にも大きな打撃を受けた。 불경기로 회사 경영에도 큰 타격을 입었다.
打撃	不景気で会社の経営にも大きな打撃を受けた。

ださく **駄作** 졸작	期待に反してむちゃくちゃな駄作だった。 기대와는 달리 형편없는 졸작이었다.
駄作	期待に反してむちゃくちゃな駄作だった。

関係 관계 | **映画** 영화 | **決心** 결심 | **不景気** 불경기 | **経営** 경영 | **期待** 기대 | **反する**
반하다/어긋나다/반대가 되다 | **むちゃくちゃ** 터무니없음/엉망진창임

[N1 명사] た행 단어 쓰기 03 

✏️ **문장으로 단어를 익히고 손으로 직접 써보세요**

たんどく **単独**	たんどく **単独**インタビューは私をさらに緊張させた。
단독	단독 인터뷰는 나를 더욱더 긴장시켰다.
単独	単独インタビューは私をさらに緊張させた。

だんりょく **弾力**	年を取ったせいか肌に弾力がなくなった。
탄력	나이가 들어서인지 피부에 탄력이 없어졌다.
弾力	年を取ったせいか肌に弾力がなくなった。

ち あん **治安**	貧民街は概して治安が良くない。
치안	빈민가는 대체로 치안이 좋지 않다.
治安	貧民街は概して治安が良くない。

ちくさん **畜産**	政府は畜産農家への支援を惜しまない。
축산	정부는 축산 농가에 대한 지원을 아끼지 않는다.
畜産	政府は畜産農家への支援を惜しまない。

インタビュー 인터뷰 | さらに 더욱더/보다 더 | 緊張 긴장 | 年 해/나이/연령 | 肌 살결/피부 | 貧民街 빈민가 | 概して 대체로/일반적으로 | 政府 정부 | 農家 농가 | 支援 지원 | 惜しむ 아끼다/소중히 여기다

✏️ **문장으로 단어를 익히고 손으로 직접 써보세요**

蓄積 ちくせき	酢は脂肪の蓄積を防ぎ老廃物を排出させる。
축적	식초는 지방의 축적을 막고 노폐물을 배출시킨다.
蓄積	酢は脂肪の蓄積を防ぎ老廃物を排出させる。

知性 ち せい	彼女は美貌と知性を備えており、能力もある。
지성	그녀는 미모와 지성을 갖추었으며 능력도 있다.
知性	彼女は美貌と知性を備えており、能力もある。

中枢 ちゅうすう	交通事故の直後に中枢神経が損傷した。
중추	교통사고 직후에 중추신경이 손상되었다.
中枢	交通事故の直後に中枢神経が損傷した。

中立 ちゅうりつ	彼女はこの問題について中立的な立場を取った。
중립	그녀는 이 문제에 대해 중립적인 입장을 취했다.
中立	彼女はこの問題について中立的な立場を取った。

酢 초/식초 ｜ 脂肪 지방 ｜ 老廃物 노폐물 ｜ 排出 배출 ｜ 美貌 미모 ｜ 備える 준비하다/대비하다/갖추다 ｜ 交通事故 교통사고 ｜ 直後 직후 ｜ 神経 신경 ｜ 損傷 손상 ｜ 問題 문제 ｜ 立場 입장/처지/관점

[N1 명사] た행 단어 쓰기 05

✏️ 문장으로 단어를 익히고 손으로 직접 써보세요

ちょうかく **聴覚**	おさな ころ ねつびょう わずら あと ちょうかく そんしょう 幼い頃熱病を患った後、聴覚が損傷した。
청각	어릴 적 열병을 앓은 뒤 청각이 손상되었다.
聴覚	幼い頃熱病を患った後、聴覚が損傷した。

ちょうへん **長編**	かのじょ ちょうへん じどうぶんがく しっぴつ 彼女は長編の児童文学を執筆しました。
장편	그녀는 장편 아동문학을 집필했습니다.
長編	彼女は長編の児童文学を執筆しました。

ちょしょ **著書**	かれ ちょしょ おお ひと あい 彼の著書は多くの人に愛されている。
저서	그의 저서는 많은 사람들에게 사랑받고 있다.
著書	彼の著書は多くの人に愛されている。

ていしょく **定食**	しょくどう ていしょく おい ひょうばん この食堂のトンカツ定食は美味しいと評判です。
정식	이 식당의 돈가스 정식은 맛있다고 소문났어요.
定食	この食堂のトンカツ定食は美味しいと評判です。

ねつびょう わずら そんしょう じどうぶんがく しっぴつ
熱病 열병 | 患う 병을 앓다/병이 나다 | 損傷 손상 | 児童文学 아동문학 | 執筆 집필 |

しょくどう ひょうばん
食堂 식당 | トンカツ 돈가스 | 評判 평판/소문남

번호	단어	읽는 법	뜻	체크
1	定年	ていねん	정년	☐
2	邸宅	ていたく	저택	☐
3	適性	てきせい	적성	☐
4	鉄鋼	てっこう	철강	☐
5	鉄棒	てつぼう	철봉	☐
6	天才	てんさい	천재	☐
7	天災	てんさい	천재	☐
8	天体	てんたい	천체	☐
9	点線	てんせん	점선	☐
10	電源	でんげん	전원	☐
11	伝説	でんせつ	전설	☐
12	動機	どうき	동기	☐
13	同等	どうとう	동등	☐
14	道場	どうじょう	도장	☐
15	等級	とうきゅう	등급	☐
16	特有	とくゆう	특유	☐
17	特許	とっきょ	특허	☐
18	独創	どくそう	독창	☐
19	読者	どくしゃ	독자	☐
20	徒歩	とほ	도보	☐

✏️ 문장으로 단어를 익히고 손으로 직접 써보세요

ていねん **定年** 정년	父は昨年定年退職して旅行に行った。 아버지는 작년에 정년퇴직하고 여행을 가셨다.
定年	父は昨年定年退職して旅行に行った。

ていたく **邸宅** 저택	大邸宅の中には庭園と池もあります。 대저택 안에는 정원과 연못도 있습니다.
邸宅	大邸宅の中には庭園と池もあります。

てきせい **適性** 적성	仕事が適性に合わず、余計に大変に感じられる。 일이 적성에 맞지 않아 더욱 힘들게 느껴진다.
適性	仕事が適性に合わず、余計に大変に感じられる。

てっこう **鉄鋼** 철강	同社は独自の技術力で鉄鋼製品を作っている。 이 회사는 독보적인 기술력으로 철강 제품을 만들고 있다.
鉄鋼	同社は独自の技術力で鉄鋼製品を作っている。

退職 퇴직 | 庭園 정원 | 池 못/연못 | 仕事 일/업무 | 合う 조화를 이루다/적합하다 |
余計 여분/쓸데없음/불필요함/지나침 | 感じる 느끼다/(감정이나 느낌을)가지다 | 独自 독자
(적)/자기 혼자/단독/독특함 | 技術力 기술력 | 製品 제품

[N1 명사] た행 단어 쓰기 02

✏️ **문장으로 단어를 익히고 손으로 직접 써보세요**

鉄棒 (てつぼう)	子供が鉄棒に危なげにぶら下がっている。 (こども / てつぼう / あぶ / さ)
철봉	아이가 철봉에 위태롭게 매달려 있다.
鉄棒	子供が鉄棒に危なげにぶら下がっている。

天才 (てんさい)	彼女は自分が天才だと勘違いしている。 (かのじょ / じぶん / てんさい / かんちが)
천재	그녀는 자신이 천재라고 착각하고 있다.
天才	彼女は自分が天才だと勘違いしている。

天災 (てんさい)	天災地変により飛行機が欠航となった。 (てんさいちへん / ひこうき / けっこう)
천재	천재지변에 의해 비행기가 결항되었다.
天災	天災地変により飛行機が欠航となった。

天体 (てんたい)	天体望遠鏡を購入して星を観察した。 (てんたいぼうえんきょう / こうにゅう / ほし / かんさつ)
천체	천체망원경을 구입해서 별을 관찰했다.
天体	天体望遠鏡を購入して星を観察した。

危なげ (あぶ) 불안한[위태로운/미덥지 않은]모양 | 勘違い (かんちが) 착각/잘못 생각함 | 地変 (ちへん) 지변 | 飛行機 (ひこう / き) 비행기 | 欠航 (けっこう) 결항 | 望遠鏡 (ぼうえんきょう) 망원경 | 購入 (こうにゅう) 구입 | 観察 (かんさつ) 관찰

✏️ **문장으로 단어를 익히고 손으로 직접 써보세요**

てんせん **点線** 점선	**子供は点線に沿って猫を描き始めた。** 아이는 점선을 따라 고양이를 그리기 시작했다.
点線	子供は点線に沿って猫を描き始めた。

でんげん **電源** 전원	**3時間後に自動的に電源が切れます。** 3시간 후에 자동으로 전원이 꺼집니다.
電源	3時間後に自動的に電源が切れます。

でんせつ **伝説** 전설	**この湖には古くから伝わる伝説がある。** 이 호수에는 예로부터 전해 내려오는 전설이 있다.
伝説	この湖には古くから伝わる伝説がある。

どうき **動機** 동기	**犯人は犯行の動機を偽りなく自白した。** 범인은 범행 동기를 거짓 없이 자백했다.
動機	犯人は犯行の動機を偽りなく自白した。

沿う 따르다/(일정한 선 등을)따라가다 | 描く 그리다/그림을 그리다 | 自動的 자동적 | 湖
호수 | 伝わる 전해지다 | 犯人 범인 | 犯行 범행 | 偽り 거짓(말) | 自白 자백

✏️ **문장으로 단어를 익히고 손으로 직접 써보세요**

どうとう **同等** 동등	とうろんさんかしゃ　はつげん きかい　どうとう 討論参加者の発言機会はすべて同等だ。 토론 참가자들의 발언 기회는 모두 동등하다.
同等	討論参加者の発言機会はすべて同等だ。

どうじょう **道場** 도장	ちゅうがくせい　　あいきどう　どうじょう　かよ　はじ 中学生になって合気道の道場に通い始めた。 중학생이 되어 합기도 도장에 다니기 시작했다.
道場	中学生になって合気道の道場に通い始めた。

とうきゅう **等級** 등급	し けん　　てんすう　　とうきゅう 試験の点数によって等級がつく。 시험 점수에 따라 등급이 매겨진다.
等級	試験の点数によって等級がつく。

とくゆう **特有** 특유	こうしんりょう　とくゆう　かお 香辛料には特有の香りがあります。 향신료에는 특유의 향이 있습니다.
特有	香辛料には特有の香りがあります。

とうろん　　　　　　　さんかしゃ　　　　　はつげん　　　　きかい　　　　　あいきどう　　　　　　てんすう
討論 토론 ｜ 参加者 참가자 ｜ 発言 발언 ｜ 機会 기회 ｜ 合気道 합기도 ｜ 点数 점수 ｜
こうしんりょう
香辛料 향신료

[N1 명사] た행 단어 쓰기 05

✏️ 문장으로 단어를 익히고 손으로 직접 써보세요

とっきょ **特許**	彼は発明品を作って特許を取得した。
특허	그는 발명품을 만들어 특허를 취득했다.
特許	彼は発明品を作って特許を取得した。

どくそう **独創**	彼の独創的な発想は人々を驚かせた。
독창	그의 독창적인 발상은 사람들을 놀라게 했다.
独創	彼の独創的な発想は人々を驚かせた。

どくしゃ **読者**	この本を読んで、多くの読者が勇気づけられた。
독자	이 책을 읽고 많은 독자가 용기를 얻었다.
読者	この本を読んで、多くの読者が勇気づけられた。

と ほ **徒歩**	家から郵便局までの距離は徒歩5分です。
도보	집에서 우체국까지의 거리는 도보로 5분입니다.
徒歩	家から郵便局までの距離は徒歩5分です。

はつめいひん **発明品** 발명품 | しゅとく **取得** 취득 | はっそう **発想** 발상 | おどろ **驚く** 놀라다/경악하다 | ゆう き **勇気** 용기 | ゆうびんきょく **郵便局** 우체국 | きょり **距離** 거리

번호	단어	읽는 법	뜻	체크
1	内閣	ないかく	내각	☐
2	内緒	ないしょ	비밀	☐
3	内心	ないしん	내심/마음속	☐
4	内部	ないぶ	내부	☐
5	内乱	ないらん	내란	☐
6	内陸	ないりく	내륙	☐
7	肉体	にくたい	육체	☐
8	人情	にんじょう	인정	☐
9	任務	にんむ	임무	☐
10	熱意	ねつい	열의	☐
11	熱湯	ねっとう	열탕	☐
12	熱量	ねつりょう	열량	☐
13	年賀	ねんが	연하	☐
14	年長	ねんちょう	연장자	☐
15	年輪	ねんりん	연륜/나무의 나이테	☐
16	念願	ねんがん	염원	☐
17	燃料	ねんりょう	연료	☐
18	農耕	のうこう	농경	☐
19	農場	のうじょう	농장	☐
20	農地	のうち	농지	☐

✏️ **문장으로 단어를 익히고 손으로 직접 써보세요**

ないかく **内閣**	よろんちょうさ ないかく し じりつ たか 世論調査では内閣支持率が高くなっている。
내각	여론조사에서는 내각 지지율이 높아지고 있다.
内閣	世論調査では内閣支持率が高くなっている。

ないしょ **内緒**	ともだち ないしょばなし 友達と内緒話をした。
비밀	친구와 비밀 이야기를 했다.
内緒	友達と内緒話をした。

ないしん **内心**	かれ かお み ないしんうれ 彼の顔を見ると内心嬉しかった。
내심/마음속	그의 얼굴을 보니 내심 기뻤다.
内心	彼の顔を見ると内心嬉しかった。

ない ぶ **内部**	たてものないぶ こうぞう せっけいず じぜん かくにん 建物内部の構造を設計図で事前に確認する。
내부	건물 내부의 구조를 설계도로 미리 확인한다.
内部	建物内部の構造を設計図で事前に確認する。

よろんちょうさ しじりつ かお たてもの こうぞう せっけいず
世論調査 여론조사 | 支持率 지지율 | 顔 얼굴 | 建物 건물/건축물 | 構造 구조 | 設計図
じぜん かくにん
설계도 | 事前 사전 | 確認 확인

[N1 명사] な행 단어 쓰기 02

✏️ 문장으로 단어를 익히고 손으로 직접 써보세요

ないらん **内乱**	**ないらん　えいきょう　しゃかいてきちつじょ　くず** 内乱の影響で社会的秩序が崩れている。
내란	내란의 영향으로 사회적 질서가 무너지고 있다.
内乱	内乱の影響で社会的秩序が崩れている。
ないりく **内陸**	**ないりく ぶ　ちゅうしん　おおあめ　ふ** 内陸部を中心に大雨が降っています。
내륙	내륙 지역을 중심으로 많은 비가 내리고 있습니다.
内陸	内陸部を中心に大雨が降っています。
にくたい **肉体**	**にくたい ひ ろう　かいふく　たす　えいようざい　の** 肉体疲労の回復を助ける栄養剤を飲んでいる。
육체	육체 피로 회복을 돕는 영양제를 먹고 있다.
肉体	肉体疲労の回復を助ける栄養剤を飲んでいる。
にんじょう **人情**	**かのじょ　にんじょう　あつ　こころ　あたた** 彼女は人情が厚くて心が暖かい。
인정	그녀는 인정 많고 마음이 따뜻하다.
人情	彼女は人情が厚くて心が暖かい。

影響 영향 ｜ 秩序 질서 ｜ 崩れる 무너지다/허물어지다/붕괴하다 ｜ 中心 중심 ｜ 大雨 대우/큰비 ｜ 疲労 피로 ｜ 回復 회복 ｜ 栄養剤 영양제

✏️ **문장으로 단어를 익히고 손으로 직접 써보세요**

にん む **任務** 임무	いっしょ　にん む　　すいこう チームメンバーと一緒に任務を遂行しました。 팀원들과 함께 임무를 수행했습니다.
任務	チームメンバーと一緒に任務を遂行しました。
ねつ い **熱意** 열의	がくぎょう　たい　ねつ い　　　　　　　　　　　み 学業に対する熱意があふれているように見えた。 학업에 대한 열의가 넘쳐 보였다.
熱意	学業に対する熱意があふれているように見えた。
ねっとう **熱湯** 열탕	ほ にゅうびん　ねっとうしょうどく　　　　ば あい 哺乳瓶は熱湯消毒をする場合もある。 젖병은 열탕 소독을 하는 경우도 있다.
熱湯	哺乳瓶は熱湯消毒をする場合もある。
ねつりょう **熱量** 열량	さくひん　　　じんじょう　　　　　ねつりょう　と　く この作品には尋常ではない熱量で取り組んだ。 이 작품에는 비범한 열량(열의)으로 임했다.
熱量	この作品には尋常ではない熱量で取り組んだ。

すいこう
遂行 수행/(임무나 일 등을)해냄 | がくぎょう
学業 학업 | **あふれる** (가득차서)넘치다/넘쳐흐르다 |

ほ にゅうびん
哺乳瓶 젖병 | しょうどく
消毒 소독 | ば あい
場合 사정/형편/경우 | さくひん
作品 작품 | じんじょう
尋常 심상/보통/평범

✏️ **문장으로 단어를 익히고 손으로 직접 써보세요**

ねん が **年賀** 연하	しんねん　　　　ねん が じょう　おく 新年になると年賀状を送ります。 새해가 되면 연하장을 보냅니다.
年賀	新年になると年賀状を送ります。

ねんちょう **年長** 연장자	た ろう　　　　こ とし　　ようち えん　　ねんちょう 太郎くんは今年から幼稚園の年長さんです。 타로 군은 올해부터 유치원의 최고 학년입니다.
年長	太郎くんは今年から幼稚園の年長さんです。

ねんりん **年輪** 연륜/나무의 나이테	ねんりん　　かん　　　　　　よ ゆう　　　　すがた 年輪が感じられる余裕のある姿だ。 연륜이 느껴지는 여유로운 모습이다.
年輪	年輪が感じられる余裕のある姿だ。

ねんがん **念願** 염원	かのじょ　　ねんがん　さっ か　　　　ゆめ　かな 彼女は念願の作家になる夢を叶えました。 그녀는 염원하던 작가가 되는 꿈을 이루었습니다.
念願	彼女は念願の作家になる夢を叶えました。

しんねん　　　　　　　　　　　おく
新年 신년/새해 ┃ 送る 보내다/(물건 따위를)부치다/송금하다 ┃ ようち えん
幼稚園 유치원 ┃ よ ゆう
余裕 여유

さっ か
┃ 作家 작가

✏️ **문장으로 단어를 익히고 손으로 직접 써보세요**

ねんりょう **燃料**	燃料価格が上昇し、運転手たちは負担を感じている。
연료	연료 가격이 상승하면서 운전자들은 부담을 느끼고 있다.
燃料	燃料価格が上昇し、運転手たちは負担を感じている。

のうこう **農耕**	古代の文明は農耕と共に発展しました。
농경	고대 문명은 농경과 함께 발전했습니다.
農耕	古代の文明は農耕と共に発展しました。

のうじょう **農場**	この村は鶏と豚を育てる農場が多い。
농장	이 마을은 닭과 돼지를 기르는 농장이 많다.
農場	この村は鶏と豚を育てる農場が多い。

のうち **農地**	小規模な農地を買い入れた。
농지	소규모의 농지를 매입했다.
農地	小規模な農地を買い入れた。

価格 가격/값 | 上昇 상승 | 古代 고대 | 文明 문명 | 発展 발전 | 村 마을/촌락 | 鶏 닭 | 育てる 키우다/기르다/양육하다 | 小規模 소규모 | 買い入れる 매입하다/사들이다

16일차 단어 미리 보기 알고 있는 단어를 체크해 보세요

번호	단어	읽는 법	뜻	체크
1	倍率	ばいりつ	배율	☐
2	爆弾	ばくだん	폭탄	☐
3	反感	はんかん	반감	☐
4	反射	はんしゃ	반사	☐
5	万能	ばんのう	만능	☐
6	美術	びじゅつ	미술	☐
7	比重	ひじゅう	비중	☐
8	秘書	ひしょ	비서	☐
9	必修	ひっしゅう	필수	☐
10	必然	ひつぜん	필연	☐
11	悲鳴	ひめい	비명	☐
12	比率	ひりつ	비율	☐
13	品質	ひんしつ	품질	☐
14	品種	ひんしゅ	품종	☐
15	不意	ふい	불의/갑작스러움	☐
16	不況	ふきょう	불황	☐
17	不在	ふざい	부재	☐
18	侮辱	ぶじょく	모욕	☐
19	腐敗	ふはい	부패	☐
20	覆面	ふくめん	복면	☐

✏️ **문장으로 단어를 익히고 손으로 직접 써보세요**

ばいりつ **倍率**	こうがくけん び きょう ばいりつ たか そう さ ほうほう かんたん 光学顕微鏡は倍率が高く、操作方法は簡単だ。
배율	광학현미경은 배율이 높고 조작 방법은 간단하다.
倍率	光学顕微鏡は倍率が高く、操作方法は簡単だ。

ばくだん **爆弾**	ばくだん ばくはつ しゅんかん ま はい か 爆弾が爆発した瞬間、あっという間に灰に変わる。
폭탄	폭탄이 터지는 순간 순식간에 잿더미로 변한다.
爆弾	爆弾が爆発した瞬間、あっという間に灰に変わる。

はんかん **反感**	かれ けん い てき すがた はんかん か 彼の権威的な姿が反感を買った。
반감	그의 권위적인 모습이 반감을 샀다.
反感	彼の権威的な姿が反感を買った。

はんしゃ **反射**	つき あ はんしゃ かわ みず うつく 月明かりを反射した川の水が美しかった。
반사	달빛을 반사한 강물이 아름다웠다.
反射	月明かりを反射した川の水が美しかった。

こうがくけん び きょう
光学顕微鏡 광학현미경 ｜ 操作 そう さ 조작 ｜ 方法 ほうほう 방법 ｜ 簡単 かんたん 간단 ｜ 爆発 ばくはつ 폭발 ｜ 瞬間 しゅんかん 순간 ｜ あっという間に ま 눈 깜짝할 사이에/순식간에 ｜ 灰 はい 재 ｜ 権威 けん い 권위 ｜ 姿 すがた 모양/모습/형체/자태 ｜ 月明かり つき あ 달빛/달빛으로 밝음

✏️ 문장으로 단어를 익히고 손으로 직접 써보세요

ばんのう **万能** 만능	ばんのうちょうりきぐ　りょうり　じかん　たんしゅく 万能調理器具で料理の時間を短縮した。 만능 조리기구로 요리 시간을 단축했다.
万能	万能調理器具で料理の時間を短縮した。
びじゅつ **美術** 미술	げんだい びじゅつさくひん　にかい　てんじ 現代美術作品は２階に展示されています。 현대 미술 작품은 2층에 전시되어 있습니다.
美術	現代美術作品は２階に展示されています。
ひじゅう **比重** 비중	かいしゃ　かいがいじぎょう　ひじゅう　お 会社として海外事業に比重を置いている。 회사로서 해외 사업에 비중을 두고 있다.
比重	会社として海外事業に比重を置いている。
ひしょ **秘書** 비서	しゃちょう　ひしょ　かんり 社長のスケジュールは秘書が管理します。 사장님의 스케줄은 비서가 관리합니다.
秘書	社長のスケジュールは秘書が管理します。

調理 조리 | 器具 기구 | 短縮 단축 | 現代 현대 | 作品 작품 | 展示 전시 | 海外 해외 | 事業 사업 | 社長 사장 | スケジュール 스케줄/일정 | 管理 관리

✏️ **문장으로 단어를 익히고 손으로 직접 써보세요**

ひっしゅう **必修**	だいがく　ひっしゅうかもく　かなら　りしゅう 大学で必修科目は必ず履修しなければならない。
필수	대학에서 필수 과목은 반드시 이수해야 한다.
必修	大学で必修科目は必ず履修しなければならない。

ひつぜん **必然**	わたし　　で あ　　ぐうぜん　　ひつぜん 私たちの出会いは偶然ではなく必然のようだ。
필연	우리의 만남은 우연이 아닌 필연인 것 같다.
必然	私たちの出会いは偶然ではなく必然のようだ。

ひめい **悲鳴**	かのじょ　へび　み　　おび　　ひめい　あ 彼女は蛇を見て、怯えて悲鳴を上げた。
비명	그녀는 뱀을 보고 겁에 질려 비명을 질렀다.
悲鳴	彼女は蛇を見て、怯えて悲鳴を上げた。

ひりつ **比率**	こうれいしゃ ひりつ　　まいねんたか 高齢者比率が毎年高くなっている。
비율	고령자 비율이 해마다 높아지고 있다.
比率	高齢者比率が毎年高くなっている。

かもく　　　　　　　かなら　　　　　　　　りしゅう　　　　　　で あ　　　　　　　　　　　ぐうぜん
科目 과목 | 必ず 반드시/꼭 | 履修 이수 | 出会い 처음으로 만남/마주침 | 偶然 우연 |

へび　　おび　　　　　　　　　　　　　　　　こうれいしゃ　　　　　　まいねん
蛇 뱀 | 怯える 겁먹다/무서워 벌벌 떨다/놀라다 | 高齢者 고령자 | 毎年 매년/해마다

✏️ **문장으로 단어를 익히고 손으로 직접 써보세요**

ひんしつ **品質** 품질	**ひんしつかんり　さいゆうせん　かんが** 品質管理を最優先に考える。 품질 관리를 최우선으로 생각한다.
品質	品質管理を最優先に考える。

ひんしゅ **品種** 품종	**あたら　　ひんしゅ　　　　　　　さいばい** 新しい品種のぶどうを栽培しています。 새로운 품종의 포도를 재배하고 있습니다.
品種	新しい品種のぶどうを栽培しています。

ふ　い **不意** 불의/갑작스러움	**ふ　い　　おも　た　　　　かれ　でんわ** 不意に思い立って彼に電話をかけた。 갑자기 생각나서 그에게 전화를 걸었다.
不意	不意に思い立って彼に電話をかけた。

ふ　きょう **不況** 불황	**けいざい ふ きょう　　ながび** 経済不況が長引いている。 경제 불황이 장기화되고 있다.
不況	経済不況が長引いている。

管理 관리 ｜ **最優先** 최우선/가장 우선함 ｜ **栽培** 재배 ｜ **電話** 전화 ｜ **経済** 경제 ｜ **長引く**
오래 끌다/지연되다

✏️ 문장으로 단어를 익히고 손으로 직접 써보세요

不在 (ふざい)	社長の不在で決裁が延期されています。
부재	사장님의 부재로 결재가 미뤄지고 있습니다.
不在	社長の不在で決裁が延期されています。

侮辱 (ぶじょく)	他人を誹謗中傷することは侮辱罪に当たる。
모욕	타인을 비방하는 것은 모욕죄에 해당한다.
侮辱	他人を誹謗中傷することは侮辱罪に当たる。

腐敗 (ふはい)	腐敗した死体の身元確認をするのは容易ではない。
부패	부패한 사체의 신원 확인을 하는 것은 쉽지 않다.
腐敗	腐敗した死体の身元確認をするのは容易ではない。

覆面 (ふくめん)	銀行に侵入した強盗は顔に覆面をかぶっていた。
복면	은행에 침입한 강도는 얼굴에 복면을 쓰고 있었다.
覆面	銀行に侵入した強盗は顔に覆面をかぶっていた。

社長 사장 | 決裁 결재/권한이 있는 사람이 가부(可否)를 결정하는 것 | 延期 연기 | 他人 타인/남/다른 사람 | 誹謗 비방 | 中傷 중상/근거 없는 말로 명예를 손상시키는 것 | 死体 사체/시체 | 身元 신원 | 確認 확인 | 容易 용이(함)/손쉬움 | 侵入 침입 | 強盗 강도

번호	단어	읽는 법	뜻	체크
1	仏像	ぶつぞう	불상	☐
2	風車	ふうしゃ	풍차	☐
3	風習	ふうしゅう	풍습	☐
4	風土	ふうど	풍토	☐
5	物議	ぶつぎ	물의	☐
6	物資	ぶっし	물자	☐
7	物体	ぶったい	물체	☐
8	文書	ぶんしょ	문서	☐
9	分析	ぶんせき	분석	☐
10	分子	ぶんし	분자	☐
11	分母	ぶんぼ	분모	☐
12	粉末	ふんまつ	분말	☐
13	兵士	へいし	병사	☐
14	便宜	べんぎ	편의	☐
15	返済	へんさい	변제	☐
16	弁論	べんろん	변론	☐
17	法案	ほうあん	법안	☐
18	法学	ほうがく	법학	☐
19	法廷	ほうてい	법정	☐
20	豊作	ほうさく	풍작	☐

✏️ 문장으로 단어를 익히고 손으로 직접 써보세요

ぶつぞう 仏像	じいん いしづく うつく ぶつぞう 寺院には石造りの美しい仏像がある。
불상	사원에는 석조로 만든 아름다운 불상이 있다.
仏像	寺院には石造りの美しい仏像がある。

ふうしゃ 風車	おか うえ ふうしゃ まわ 丘の上に風車がくるくると回っている。
풍차	언덕 위에 풍차가 빙글빙글 돌고 있다.
風車	丘の上に風車がくるくると回っている。

ふうしゅう 風習	かっこく ふうしゅう れきしてきはいけい はんえい 各国の風習は歴史的背景を反映する。
풍습	각국의 풍습은 역사적 배경을 반영한다.
風習	各国の風習は歴史的背景を反映する。

ふうど 風土	とくさんひん ちいき ふうど かん 特産品からその地域の風土を感じた。
풍토	특산품에서 그 지역의 풍토를 느꼈다.
風土	特産品からその地域の風土を感じた。

じいん 寺院 사원/사찰/절 | いしづく 石造り 석조 | おか 丘 언덕/작은 산/구릉 | くるくる 뱅뱅/뱅글뱅글 |
まわ 回る 돌다/회전하다 | かっこく 各国 각국/각 나라 | れきしてき 歴史的 역사적 | はいけい 背景 배경 | はんえい 反映 반영 |
とくさんひん 特産品 특산품 | ちいき 地域 지역

✏️ 문장으로 단어를 익히고 손으로 직접 써보세요

物議 ぶつぎ	有名な芸能人が物議をかもして記者会見をする。
물의	유명한 연예인이 물의를 빚어 기자회견을 한다.
物議	有名な芸能人が物議をかもして記者会見をする。

物資 ぶっし	需要が高まって物資の確保が難しい状況だ。
물자	수요가 늘어서 물자 확보가 어려운 상황이다.
物資	需要が高まって物資の確保が難しい状況だ。

物体 ぶったい	黒い雲の形をした物体が捉えられた。
물체	검은 구름 형태의 물체가 포착되었다.
物体	黒い雲の形をした物体が捉えられた。

文書 ぶんしょ	スキャンした文書をメールで送りました。
문서	스캔한 문서를 메일로 보냈습니다.
文書	スキャンした文書をメールで送りました。

芸能人 げいのうじん 예능인/연예인 ｜ かもす 빚다/빚어내다/자아내다 ｜ 需要 じゅよう 수요 ｜ 高まる たか (정도가)높아지다/고조되다 ｜ 確保 かくほ 확보 ｜ 状況 じょうきょう 상황 ｜ 形 かたち 모양/형태 ｜ 捉える とら 잡다/붙잡다/포착하다

[N1 명사] は행 단어 쓰기 03

✏️ 문장으로 단어를 익히고 손으로 직접 써보세요

ぶんせき **分析**	ちょうさ　　　しりょう　めんみつ　ぶんせき 調査した資料を綿密に分析する。
분석	조사한 자료를 면밀히 분석한다.
分析	調査した資料を綿密に分析する。

ぶん し **分子**	げんし　　けつごう　　ぶんし　　な 原子が結合して分子を成す。
분자	원자가 결합하여 분자를 이룬다.
分子	原子が結合して分子を成す。

ぶん ぼ **分母**	ぶんし　　ぶんぼ　　ちい　　ぶんすう　　しんぶんすう 分子が分母より小さい分数を真分数という。
분모	분자가 분모보다 작은 분수를 진분수라고 한다.
分母	分子が分母より小さい分数を真分数という。

ふんまつ **粉末**	ふんまつ　　　　　うえ　ふ　か チョコの粉末をケーキの上に振り掛けた。
분말	초코 분말을 케이크 위에 뿌렸다.
粉末	チョコの粉末をケーキの上に振り掛けた。

ちょうさ　　　　　　　しりょう　　　　　　めんみつ　　　　げんし　　　　　けつごう　　　　な
調査 조사 | 資料 자료 | 綿密 면밀 | 原子 원자 | 結合 결합 | 成す 이루다/만들다 |

しんぶんすう　　　　　　　　　　　　　　　　　　　　　　　ふ　か
真分数 진분수 | チョコ 초코(초콜릿의 준말) | 振り掛ける 뿌리다/끼얹다

✏️ 문장으로 단어를 익히고 손으로 직접 써보세요

へいし **兵士** 병사	せんし　へいし　も　　　　しょじひん　こうかい 戦死した兵士が持っていた所持品が公開された。
	전사한 병사가 지니고 있던 소지품이 공개되었다.
兵士	戦死した兵士が持っていた所持品が公開された。

べんぎ **便宜** 편의	しようしゃ　べんぎ　　　　　せつめいしょ　はい 使用者の便宜のための説明書が入っています。
	사용자의 편의를 위한 설명서가 들어있습니다.
便宜	使用者の便宜のための説明書が入っています。

へんさい **返済** 변제	しゃっきん　へんさい 借金を返済するためにアルバイトをしています。
	빚을 갚기 위해 아르바이트를 하고 있습니다.
返済	借金を返済するためにアルバイトをしています。

べんろん **弁論** 변론	べんごにん　　　さいしゅうべんろん 弁護人は最終弁論をしてください。
	변호인은 최종 변론을 하시기 바랍니다.
弁論	弁護人は最終弁論をしてください。

せんし　　　　　　　しょじひん　　　　　　　こうかい　　　　　　　しようしゃ　　　　　　せつめいしょ　　　　　　しゃっきん
戦死 전사 | 所持品 소지품 | 公開 공개 | 使用者 사용자 | 説明書 설명서 | 借金

べんごにん　　　　　さいしゅう
차금/돈을 꿈/빚/빚냄 | 弁護人 변호인 | 最終 최종/맨 나중

✏️ **문장으로 단어를 익히고 손으로 직접 써보세요**

ほうあん **法案** 법안	しみん ほうあん じんそく しょり こっかい うなが 市民は法案の迅速な処理を国会に促した。
	시민들은 법안의 신속한 처리를 국회에 촉구했다.
法案	市民は法案の迅速な処理を国会に促した。

ほうがく **法学** 법학	かれ ほうがく せんこう はんじ 彼は法学を専攻して判事になった。
	그는 법학을 전공하여 판사가 되었다.
法学	彼は法学を専攻して判事になった。

ほうてい **法廷** 법정	けんさつ かれ ほうていさいこうけい しけい きゅうけい 検察は彼に法廷最高刑である死刑を求刑した。
	검찰은 그에게 법정 최고형인 사형을 구형했다.
法廷	検察は彼に法廷最高刑である死刑を求刑した。

ほうさく **豊作** 풍작	ことし ほうさく やさい かかく おおはば げらく 今年は豊作で野菜の価格が大幅に下落した。
	올해는 풍작으로 채소 가격이 대폭 하락했다.
豊作	今年は豊作で野菜の価格が大幅に下落した。

市民 시민 │ **迅速** 신속, 재빠름 │ **国会** 국회 │ **促す** 재촉하다/독촉하다/촉구하다 │ **判事** 판사 │ **検察** 검찰 │ **最高刑** 최고형/법으로 정한 가장 무거운 형벌 │ **死刑** 사형 │ **求刑** 구형 │ **価格** 가격/값 │ **大幅** 큰 폭, 대폭

번호	단어	읽는 법	뜻	체크
1	方式	ほうしき	방식	☐
2	報酬	ほうしゅう	보수	☐
3	発作	ほっさ	발작	☐
4	暴動	ぼうどう	폭동	☐
5	暴風	ぼうふう	폭풍	☐
6	暴力	ぼうりょく	폭력	☐
7	牧師	ぼくし	목사	☐
8	母校	ぼこう	모교	☐
9	母国	ぼこく	모국	☐
10	保険	ほけん	보험	☐
11	捕虜	ほりょ	포로	☐
12	本館	ほんかん	본관	☐
13	本国	ほんごく	본국	☐
14	本質	ほんしつ	본질	☐
15	本体	ほんたい	본체	☐
16	本文	ほんぶん	본문	☐
17	麻酔	ますい	마취	☐
18	末期	まっき	말기	☐
19	満月	まんげつ	만월	☐
20	未婚	みこん	미혼	☐

360/900

✏️ **문장으로 단어를 익히고 손으로 직접 써보세요**

ほうしき **方式** 방식	しゃちょう か あたら けいえいほうしき どうにゅう 社長が変わり、新しい経営方式が導入された。 사장이 바뀌고 새로운 경영 방식이 도입되었다.
方式	社長が変わり、新しい経営方式が導入された。

ほうしゅう **報酬** 보수	ほうしゅう すく かん 報酬は少なかったが、やりがいを感じた。 보수는 적었지만 보람을 느꼈다.
報酬	報酬は少なかったが、やりがいを感じた。

ほっ さ **発作** 발작	かのじょ ほっさ お わずら 彼女は発作を起こすてんかんを患っている。 그녀는 발작을 일으키는 뇌전증을 앓고 있다.
発作	彼女は発作を起こす癲癇を患っている。

ぼうどう **暴動** 폭동	ぼうどう お げんば おお けいさつ とうにゅう 暴動が起きた現場に多くの警察が投入された。 폭동이 일어난 현장에 많은 경찰이 투입되었다.
暴動	暴動が起きた現場に多くの警察が投入された。

けいえい どうにゅう お
経営 경영 | 導入 도입 | やりがい 하는 보람/할 만한 가치 | 起こす 일으키다 | てんか

わずら げんば けいさつ
ん 간질/뇌전증 | 患う 병을 앓다/병이 나다 | 現場 현장/사건이나 사고가 발생한 곳 | 警察

とうにゅう
경찰 | 投入 투입

✏️ **문장으로 단어를 익히고 손으로 직접 써보세요**

ぼうふう **暴風** 폭풍	ごごしちじじてん　ぼうふうけいほう　はつれい 午後７時時点で暴風警報が発令された。 오후 7시 시점에 폭풍 경보가 발령되었다.
暴風	午後７時時点で暴風警報が発令された。

ぼうりょく **暴力** 폭력	こうないぼうりょく　よぼう　たいさく　ひつよう 校内暴力の予防と対策が必要だ。 교내폭력의 예방과 대책이 필요하다.
暴力	校内暴力の予防と対策が必要だ。

ぼくし **牧師** 목사	かれ　ぼくし　しんがくだいがく　べんきょう 彼は牧師になるために神学大学で勉強している。 그는 목사가 되기 위해 신학대학에서 공부하고 있다.
牧師	彼は牧師になるために神学大学で勉強している。

ぼこう **母校** 모교	そつぎょうご　ぼこう　おとず　しょうがくきん　わた 卒業後、母校を訪れて奨学金を渡した。 졸업 후, 모교를 방문하여 장학금을 전달했다.
母校	卒業後、母校を訪れて奨学金を渡した。

時点 시점 | **警報** 경보 | **発令** 발령 | **予防** 예방 | **対策** 대책 | **必要** 필요 | **卒業** 졸업 |
訪れる 방문하다/찾다 | **奨学金** 장학금 | **渡す** 건네주다

✎ 문장으로 단어를 익히고 손으로 직접 써보세요

ぼこく **母国** 모국 母国	さんねん　りゅうがく せいかつ　お　　ぼこく　もど 3年の留学生活を終えて母国に戻った。 3년의 유학생활을 마치고 모국으로 돌아왔다. 3年の留学生活を終えて母国に戻った。

ほけん **保険** 보험 保険	りょこうまえ　りょこうしゃ ほけん　　かにゅう 旅行前に旅行者保険に加入した。 여행 전에 여행자 보험에 가입했다. 旅行前に旅行者保険に加入した。

ほりょ **捕虜** 포로 捕虜	かんせつこうしょう　　ほりょ　しゃくほう　ごうい 間接交渉で捕虜の釈放が合意された。 간접 협상으로 포로의 석방이 합의되었다. 間接交渉で捕虜の釈放が合意された。

ほんかん **本館** 본관 本館	ほんかん　いっかい　あんない 本館の1階に案内デスクがございます。 본관 1층에 안내 데스크가 있습니다. 本館の1階に案内デスクがございます。

りゅうがく
留学 유학 | せいかつ
生活 생활 | りょこうしゃ
旅行者 여행자 | かにゅう
加入 가입 | かんせつ
間接 간접/애두름 | こうしょう
交渉 교섭/

협상 | しゃくほう
釈放 석방 | ごうい
合意 합의/의사가 일치함 | あんない
案内 안내

✏️ **문장으로 단어를 익히고 손으로 직접 써보세요**

ほんごく **本国**	ふ ほうたいざいしゃ　　ほんごく　　きょうせいそうかん 不法滞在者は本国に強制送還される。
본국	불법체류자는 본국으로 강제 송환된다.
本国	不法滞在者は本国に強制送還される。

ほんしつ **本質**	もんだい　ほんしつ　は あく　　　　　　　ゆうせん 問題の本質を把握することが優先だ。
본질	문제의 본질을 파악하는 것이 우선이다.
本質	問題の本質を把握することが優先だ。

ほんたい **本体**	ほんたい　みぎがわ　　　　でんげん　　　お 本体の右側にある電源ボタンを押してください。
본체	본체 오른쪽에 있는 전원 버튼을 눌러주세요.
本体	本体の右側にある電源ボタンを押してください。

ほんぶん **本文**	えい ご きょうか しょ　　ほんぶん　よ　　　かいしゃく 英語教科書の本文を読み、解釈します。
본문	영어 교과서의 본문을 읽고 해석합니다.
本文	英語教科書の本文を読み、解釈します。

ふ ほう　　　　　　　　たいざいしゃ　　　　　　　　きょうせいそうかん　　　　　　　　もんだい　　　　　は あく　　　　　　ゆうせん
不法 불법 ｜ 滞在者 체류자 ｜ 強制送還 강제 송환 ｜ 問題 문제 ｜ 把握 파악 ｜ 優先

でんげん　　　　　　　きょうか しょ
우선/남보다 앞서 하는 것/다른 것보다 먼저 취급하는 것 ｜ 電源 전원 ｜ 教科書 교과서 ｜

かいしゃく
解釈 해석

✎ 문장으로 단어를 익히고 손으로 직접 써보세요

麻酔 ますい 마취	手術後、麻酔から覚めて痛みを訴えている。 수술 후 마취에서 깨어나 통증을 호소하고 있다.
麻酔	手術後、麻酔から覚めて痛みを訴えている。

末期 まっき 말기	彼は末期の肺癌で、手術さえ難しいと言います。 그는 말기 폐암으로 수술조차 어렵다고 합니다.
末期	彼は末期の肺癌で、手術さえ難しいと言います。

満月 まんげつ 만월	美しい満月を見ると願い事をしたくなった。 아름다운 보름달을 보니 소원을 빌고 싶어졌다.
満月	美しい満月を見ると願い事をしたくなった。

未婚 みこん 미혼	弟はまだ未婚です。 남동생은 아직 미혼입니다.
未婚	弟はまだ未婚です。

手術 수술/외과적인 수술 | 覚める 잠이 깨다/눈이 뜨이다/제정신이 돌아오다 | 訴える 소송하다/고소하다/호소하다 | 肺癌 폐암 | 願い事 원하는 일/(신불에)비는 일

번호	단어	읽는 법	뜻	체크
1	未知	みち	미지	☐
2	未定	みてい	미정	☐
3	味覚	みかく	미각	☐
4	密度	みつど	밀도	☐
5	民宿	みんしゅく	민박	☐
6	民俗	みんぞく	민속	☐
7	無線	むせん	무선	☐
8	名称	めいしょう	명칭	☐
9	名誉	めいよ	명예	☐
10	模範	もはん	모범	☐
11	野外	やがい	야외	☐
12	野生	やせい	야생	☐
13	要因	よういん	요인	☐
14	用件	ようけん	용건	☐
15	酪農	らくのう	낙농	☐
16	理論	りろん	이론	☐
17	領土	りょうど	영토	☐
18	連休	れんきゅう	연휴	☐
19	論議	ろんぎ	논의	☐
20	和風	わふう	일본풍/일본식	☐

✏️ 문장으로 단어를 익히고 손으로 직접 써보세요

みち **未知**	かれ　みち　ちいき　たんけん　きろく 彼らは未知の地域を探検し、記録する。
미지	그들은 미지의 지역을 탐험하고 기록한다.
未知	彼らは未知の地域を探検し、記録する。

みてい **未定**	ひづけ　ばしょ　　みてい 日付と場所はまだ未定です。
미정	날짜와 장소는 아직 미정입니다.
未定	日付と場所はまだ未定です。

みかく **味覚**	わたし　みかく　しげき すしのわさびが私の味覚を刺激した。
미각	초밥의 고추냉이(와사비)가 나의 미각을 자극했다.
味覚	すしのわさびが私の味覚を刺激した。

みつど **密度**	のうそん ちいき　くら　　　とし　じんこうみつど　たか　ほう 農村地域に比べて都市の人口密度は高い方だ。
밀도	농촌 지역에 비해 도시의 인구 밀도는 높은 편이다.
密度	農村地域に比べて都市の人口密度は高い方だ。

ちいき　　　　　たんけん　　　　　　ひづけ　　　　　ばしょ　　　　　しげき　　　　　のうそん　　　　ちいき
地域 지역 | 探検 탐험 | 日付 날짜 | 場所 장소 | 刺激 자극 | 農村 농촌 | 地域 지역 |
くら
比べる 비교하다/대조하다

✏️ **문장으로 단어를 익히고 손으로 직접 써보세요**

みんしゅく **民宿** 민박	うみ べ と みんしゅく き おく の こ 海辺で泊まった民宿が記憶に残ります。 해변에서 묵었던 민박집이 기억에 남습니다.
民宿	海辺で泊まった民宿が記憶に残ります。

みんぞく **民俗** 민속	みんぞくはくぶつかん れき し み まな 民俗博物館で歴史を見て学ぶことができた。 민속박물관에서 역사를 보고 배울 수 있었다.
民俗	民俗博物館で歴史を見て学ぶことができた。

む せん **無線** 무선	む せん し ようしゃ おお いつからか無線イヤホンの使用者が多くなった。 언제부턴가 무선이어폰 사용자가 많아졌다.
無線	いつからか無線イヤホンの使用者が多くなった。

めいしょう **名称** 명칭	こう ぼ つう せいしきめいしょう き 公募を通じて正式名称が決まります。 공모를 통해 정식 명칭이 정해집니다.
名称	公募を通じて正式名称が決まります。

うみ べ　と　き おく　はくぶつかん　れき し
海辺 해변/바닷가 | **泊まる** 묵다/숙박하다 | **記憶** 기억 | **博物館** 박물관 | **歴史** 역사 |

し ようしゃ　こう ぼ
イヤホン 이어폰 | **使用者** 사용자/이용자 | **公募** 공모

✏️ **문장으로 단어를 익히고 손으로 직접 써보세요**

名誉 (めいよ)	虚偽の事実を流布して他人の名誉を傷つけた。
명예	그는 허위 사실을 유포하여 타인의 명예를 훼손했다.
名誉	虚偽の事実を流布して他人の名誉を傷つけた。

模範 (もはん)	先生は生徒たちの模範にならなければならない。
모범	선생님은 학생들에게 모범이 되어야 한다.
模範	先生は生徒たちの模範にならなければならない。

野外 (やがい)	雨が降る場合、野外活動はキャンセルされます。
야외	비가 올 경우 야외 활동은 취소됩니다.
野外	雨が降る場合、野外活動はキャンセルされます。

野生 (やせい)	有害野生動物の個体数が毎年増加している。
야생	유해 야생동물의 개체수가 매년 증가하고 있다.
野生	有害野生動物の個体数が毎年増加している。

虚偽 (きょぎ) 허위 | 事実 (じじつ) 사실 | 流布 (るふ) 유포 | 傷つける (きず) 상처를 입히다/훼손하다/손상하다 | 場合 (ばあい) 사정/형편/상황/경우 | 活動 (かつどう) 활동 | キャンセル 캔슬/취소 | 有害 (ゆうがい) 유해 | 動物 (どうぶつ) 동물 | 個体 (こたい) 개체 | 増加 (ぞうか) 증가

✏️ **문장으로 단어를 익히고 손으로 직접 써보세요**

よういん **要因** 요인	かのじょ せいこう よういん せいじつ どりょく い 彼女の成功の要因は誠実さと努力だと言える。 그녀의 성공 요인은 성실함과 노력이라고 할 수 있다.
要因	彼女の成功の要因は誠実さと努力だと言える。
ようけん **用件** 용건	いそが ようけん かんたん はな 忙しいので用件だけ簡単に話します。 바쁘니까 용건만 간단히 이야기하겠습니다.
用件	忙しいので用件だけ簡単に話します。
らくのう **酪農** 낙농	らくのう おお どりょく せんもんせい ひつよう 酪農には多くの努力と専門性が必要です。 낙농에는 많은 노력과 전문성이 필요합니다.
酪農	酪農には多くの努力と専門性が必要です。
りろん **理論** 이론	けんしょう りろん しんらい 検証されていない理論は信頼できない。 검증되지 않은 이론은 신뢰할 수 없다.
理論	検証されていない理論は信頼できない。

成功 성공 | 誠実さ 성실성/성실함 | 努力 노력/애씀 | 言える 말할 수(가) 있다 | 簡単 간단 | 専門性 전문성 | 必要 필요 | 検証 검증 | 信頼 신뢰

✏️ **문장으로 단어를 익히고 손으로 직접 써보세요**

りょうど **領土** 영토	**りょうこく　りょう ど ふんそう　せんそうちゅう** 両国は領土紛争で戦争中である。 양국은 영토 분쟁으로 전쟁 중이다.
領土	両国は領土紛争で戦争中である。

れんきゅう **連休** 연휴	**こん ど　れんきゅう　　　　　い　よてい** 今度の連休にはイギリスに行く予定です。 이번 연휴에는 영국에 갈 예정입니다.
連休	今度の連休にはイギリスに行く予定です。

ろん ぎ **論議** 논의	**じゅうぶん　けんとう　ろん ぎ　　　　かいけつさく　み いだ** 十分な検討と論議のすえ、解決策を見出した。 충분한 검토와 논의 끝에 해결책을 찾아냈다.
論議	十分な検討と論議のすえ、解決策を見出した。

わ ふう **和風** 일본풍/일본식	**じ かせい　わ ふう** ハンバーガーには自家製の和風ソースをかけます。 햄버거에는 직접 만든 일본식 소스를 뿌립니다.
和風	ハンバーガーには自家製の和風ソースをかけます。

りょうこく 両国 양국 | **ふんそう** 紛争 분쟁 | **せんそう** 戦争 전쟁 | **よてい** 予定 예정 | **じゅうぶん** 十分 충분함/십분/부족함이 없음 | **けんとう** 検討 검토 | **かいけつさく** 解決策 해결책 | **み いだ** 見出す 찾아내다/발견하다 | **じ かせい** 自家製 자기 집에서 만듦(만든 것)

Part 2.
N1
형용사

20일차 단어 미리 보기 알고 있는 단어를 체크해 보세요

번호	단어	읽는 법	뜻	체크
1	あくどい	あくどい	악랄하다/악착같다	☐
2	呆気ない	あっけない	싱겁다/어이없다	☐
3	荒っぽい	あらっぽい	난폭하다/거칠다	☐
4	慌しい	あわただしい	조급하다/분주하다	☐
5	著しい	いちじるしい	현저하다/두드러지다	☐
6	卑しい	いやしい	천하다/저속하다	☐
7	鬱陶しい	うっとうしい	울적하다/거추장스럽다	☐
8	おっかない	おっかない	무섭다/두렵다	☐
9	夥しい	おびただしい	엄청나다/심하다	☐
10	くどい	くどい	장황하다/칙칙하다	☐
11	心強い	こころづよい	마음 든든하다	☐
12	心細い	こころぼそい	불안하다/허전하다	☐
13	快い	こころよい	상쾌하다/기분이 좋다	☐
14	好ましい	このましい	마음에 들다/호감이 가다	☐
15	騒がしい	さわがしい	시끄럽다	☐
16	しつこい	しつこい	집요하다/끈덕지다	☐
17	渋い	しぶい	떫다/인색하다	☐
18	しぶとい	しぶとい	강인하다/고집이 세다	☐
19	清々しい	すがすがしい	시원하다/상쾌하다	☐
20	すばしこい	すばしこい	잽싸다/민첩하다	☐

✏️ **문장으로 단어를 익히고 손으로 직접 써보세요**

あくどい	彼の<ruby>彼<rt>かれ</rt></ruby>のあくどい<ruby>性格<rt>せいかく</rt></ruby>は<ruby>周<rt>まわ</rt></ruby>りの<ruby>人<rt>ひと</rt></ruby>を<ruby>疲<rt>つか</rt></ruby>れさせる。
악랄하다/악착같다	그의 악랄한 성격은 주변 사람들을 지치게 한다.
あくどい	彼のあくどい性格は周りの人を疲れさせる。

呆気ない あっ け	<ruby>彼<rt>かれ</rt></ruby>の<ruby>行動<rt>こうどう</rt></ruby>が<ruby>呆気<rt>あっけ</rt></ruby>なかった。
싱겁다/어이없다	그의 행동이 어이없었다.
呆気ない	彼の行動が呆気なかった。

荒っぽい あら	<ruby>上司<rt>じょうし</rt></ruby>の<ruby>荒<rt>あら</rt></ruby>っぽい<ruby>性格<rt>せいかく</rt></ruby>が<ruby>私<rt>わたし</rt></ruby>には<ruby>合<rt>あ</rt></ruby>わない。
난폭하다/거칠다	상사의 거친 성격이 나에게는 맞지 않는다.
荒っぽい	上司の荒っぽい性格が私には合わない。

慌しい あわただ	<ruby>名節<rt>めいせつ</rt></ruby>には<ruby>料理<rt>りょうり</rt></ruby>の<ruby>準備<rt>じゅんび</rt></ruby>で<ruby>厨房<rt>ちゅうぼう</rt></ruby>が<ruby>慌<rt>あわただ</rt></ruby>しい。
조급하다/분주하다	명절에는 음식 준비로 주방이 분주하다.
慌しい	名節には料理の準備で厨房が慌しい。

<ruby>行動<rt>こうどう</rt></ruby> 행동 | <ruby>上司<rt>じょうし</rt></ruby> 상사 | <ruby>性格<rt>せいかく</rt></ruby> 성격 | <ruby>名節<rt>めいせつ</rt></ruby> 명절 | <ruby>料理<rt>りょうり</rt></ruby> 요리/음식 | <ruby>準備<rt>じゅんび</rt></ruby> 준비 | <ruby>厨房<rt>ちゅうぼう</rt></ruby>

주방/부엌/조리실

[N1] い형용사 단어 쓰기 02

✏️ 문장으로 단어를 익히고 손으로 직접 써보세요

いちじる 著しい	この企業は著しく高い成果を上げた。
현저하다/두드러지다	이 기업은 현저히 높은 성과를 올렸다.
著しい	この企業は著しく高い成果を上げた。

いや 卑しい	奴婢は最も卑しい身分層だった。
천하다/저속하다	노비는 가장 천한 신분층이었다.
卑しい	奴婢は最も卑しい身分層だった。

うっとう 鬱陶しい	ずっと雨が降っていて、気分が鬱陶しい。
울적하다/거추장스럽다	계속 비가 내리고 있어서 기분이 울적하다.
鬱陶しい	ずっと雨が降っていて、気分が鬱陶しい。

おっかない	暗い路地はおっかないから行きたくない。
무섭다/두렵다	어두운 골목은 무서우니까 가고 싶지 않다.
おっかない	暗い路地はおっかないから行きたくない。

きぎょう せいか ぬひ もっと みぶん ろじ
企業 기업 | 成果 성과 | 奴婢 노비/하인 | 最も (무엇보다도)가장 | 身分 신분 | 路地

골목(길)

[N1] い형용사 단어 쓰기 03

✏️ 문장으로 단어를 익히고 손으로 직접 써보세요

おびただ **夥しい**	じ こ ちょく ご　おびただ　　　りょう　しゅっけつ　　　　　　し ぼう 事故直後、夥しい量の出血があり死亡した。
엄청나다/심하다	사고 직후 엄청난 양의 출혈로 사망했다.
夥しい	事故直後、夥しい量の出血があり死亡した。

くどい	かれ　せつめい　たいくつ 彼の説明は退屈なほどくどい。
장황하다/칙칙하다	그의 설명은 지루할 정도로 장황하다.
くどい	彼の説明は退屈なほどくどい。

こころづよ **心強い**	か ぞく　　　　　　　　　　　こころづよ 家族がそばにいてくれて心強い。
마음 든든하다	가족이 곁에 있어줘서 마음이 든든하다.
心強い	家族がそばにいてくれて心強い。

こころぼそ **心細い**	こころぼそ　　まいにち　つづ 心細い毎日が続いている。
불안하다/허전하다	불안한 나날이 계속되고 있다.
心細い	心細い毎日が続いている。

じ こ　　　　　　　ちょくご　　　　　　しゅっけつ　　　　　し ぼう　　　　　　せつめい　　　　　たいくつ
事故 사고 | **直後** 직후 | **出血** 출혈 | **死亡** 사망 | **説明** 설명 | **退屈** 따분함/지루함 |
まいにち
毎日 매일/날마다

✏️ 문장으로 단어를 익히고 손으로 직접 써보세요

こころよ **快い** 상쾌하다/기분이 좋다	あさ さんぽ こころよ 朝の散歩はとても快い。 아침 산책은 매우 기분 좋다.
快い	朝の散歩はとても快い。

この **好ましい** 마음에 들다/호감이 가다	かのじょ ぜんりょう しんせい この 彼女の善良な心性が好ましい。 그녀의 착한 심성이 마음에 든다.
好ましい	彼女の善良な心性が好ましい。

さわ **騒がしい** 시끄럽다	こうじ すこ さわ インテリア工事で少し騒がしいです。 인테리어 공사로 조금 시끄럽습니다.
騒がしい	インテリア工事で少し騒がしいです。

しつこい 집요하다/끈덕지다	しつもん こた ちから しつこい質問に答える力さえない。 집요한 질문에 대답할 힘조차 없다.
しつこい	しつこい質問に答える力さえない。

ぜんりょう　　　　　　　　　　しんせい　　　　　　　　　　　　　　　　　　　　　　こうじ
善良 선량함/어질고 착함 | **心性** 심성/마음/천성 | **インテリア** 인테리어/실내 장식 | **工事**
しつもん　　こた
공사 | **質問** 질문 | **答える** 대답하다/답하다

✏️ **문장으로 단어를 익히고 손으로 직접 써보세요**

渋い 떫다/인색하다	この柿は渋くて食べられない。 이 감은 떫어서 먹을 수 없다.
渋い	この柿は渋くて食べられない。

しぶとい 강인하다/고집이 세다	鈴木さんはしぶとい男だ。 스즈키 씨는 강인한 남자다.
しぶとい	鈴木さんはしぶとい男だ。

清々しい 시원하다/상쾌하다	山の頂上で清々しい風を感じた。 산 정상에서 상쾌한 바람을 느꼈다.
清々しい	山の頂上で清々しい風を感じた。

すばしこい 잽싸다/민첩하다	オットセイは陸地でもすばしこく動くことができる。 물개는 육지에서도 민첩하게 움직일 수 있다.
すばしこい	オットセイは陸地でもすばしこく動くことができる。

柿 감 | 頂上 정상/(산 등의)꼭대기 | オットセイ 물개 | 陸地 육지

21일차 단어 미리 보기 알고 있는 단어를 체크해 보세요

번호	단어	읽는 법	뜻	체크
1	素早い	すばやい	날래다/재빠르다	☐
2	そっけない	そっけない	냉담하다/쌀쌀맞다	☐
3	逞しい	たくましい	늠름하다/다부지다	☐
4	たやすい	たやすい	손쉽다/용이하다	☐
5	だらしない	だらしない	칠칠치 못하다	☐
6	だるい	だるい	나른하다/노곤하다	☐
7	尊い	とうとい	귀중하다/소중하다	☐
8	乏しい	とぼしい	모자라다/부족하다	☐
9	情けない	なさけない	비참하다/한심하다	☐
10	名高い	なだかい	유명하다	☐
11	何気ない	なにげない	아무렇지도 않다/태연하다	☐
12	生臭い	なまぐさい	비린내가 나다	☐
13	生温い	なまぬるい	미적지근하다/미온적이다	☐
14	悩ましい	なやましい	괴롭다/고민스럽다	☐
15	鈍い	にぶい	둔하다/무디다	☐
16	望ましい	のぞましい	바람직하다	☐
17	儚い	はかない	덧없다/허무하다	☐
18	紛らわしい	まぎらわしい	헷갈리기 쉽다/혼동하기 쉽다	☐
19	みすぼらしい	みすぼらしい	볼품없다/초라하다	☐
20	物足りない	ものたりない	뭔가 아쉽다/어딘가 부족하다	☐

✏️ 문장으로 단어를 익히고 손으로 직접 써보세요

すばや **素早い**	けいさつかん　すばや　たいしょ　　おお　　ひがい　ふせ 警察官の素早い対処でより大きな被害を防いだ。
날래다/재빠르다	경찰관의 빠른 대처로 더 큰 피해를 막았다.
素早い	警察官の素早い対処でより大きな被害を防いだ。

そっけない	かのじょ　　　　　　　　はな　かた　きぶん　がい 彼女のそっけない話し方は気分を害する。
냉담하다/쌀쌀맞다	그녀의 쌀쌀맞은 말투는 기분을 상하게 한다.
そっけない	彼女のそっけない話し方は気分を害する。

たくま **逞しい**	かれ　たくま　　すがた　ほ 彼の逞しい姿に惚れてしまった。
늠름하다/다부지다	그의 늠름한 모습에 반해 버렸다.
逞しい	彼の逞しい姿に惚れてしまった。

たやすい	たの 頼みはたやすいことではない。
손쉽다/용이하다	부탁은 쉬운 일이 아니다.
たやすい	頼みはたやすいことではない。

けいさつかん　　　　　　　　たいしょ　　　　　　ひがい　　　　　　はな　かた　　　　　　がい
警察官 경찰관 | **対処** 대처 | **被害** 피해 | **話し方** 말투 | **害する** 해치다/상하게 하다 |
ほ　　　　　　　　　　　　　　　　　　　　　たの
惚れる (이성에게)반하다/마음에 들다 | **頼み** 부탁/청

✏️ **문장으로 단어를 익히고 손으로 직접 써보세요**

だらしない	私はまだ<ruby>私<rt>わたし</rt></ruby>だらしない<ruby>面<rt>めん</rt></ruby>があります。
칠칠치 못하다	저는 아직도 칠칠치 못한 면이 있습니다.
だらしない	私はまだだらしない面があります。

だるい	<ruby>体調<rt>たいちょう</rt></ruby>が<ruby>悪<rt>わる</rt></ruby>いせいか<ruby>体<rt>からだ</rt></ruby>がだるいです。
나른하다/노곤하다	컨디션이 안 좋아서인지 몸이 나른합니다.
だるい	体調が悪いせいか体がだるいです。

<ruby>尊<rt>とうと</rt></ruby>い	すべての<ruby>生命<rt>せいめい</rt></ruby>は<ruby>尊<rt>とうと</rt></ruby>いです。
귀중하다/소중하다	모든 생명은 소중합니다.
尊い	すべての生命は尊いです。

<ruby>乏<rt>とぼ</rt></ruby>しい	<ruby>説明<rt>せつめい</rt></ruby>が<ruby>乏<rt>とぼ</rt></ruby>しく、<ruby>理解<rt>りかい</rt></ruby>しづらい。
모자라다/부족하다	설명이 부족해서 이해하기 어렵다.
乏しい	説明が乏しく、理解しづらい。

<ruby>体調<rt>たいちょう</rt></ruby> 몸의 상태/컨디션 ｜ <ruby>生命<rt>せいめい</rt></ruby> 생명/목숨 ｜ <ruby>説明<rt>せつめい</rt></ruby> 설명 ｜ <ruby>理解<rt>りかい</rt></ruby> 이해

[N1] い형용사 단어 쓰기 03

✏️ **문장으로 단어를 익히고 손으로 직접 써보세요**

情けない (なさ)	一日中ゲームばかりするなんて情けない。(いちにちじゅう / なさ)
비참하다/한심하다	하루 종일 게임만 하다니 한심하다.
情けない	一日中ゲームばかりするなんて情けない。

名高い (なだか)	名高いピアニストの公演を見に行く。(なだか / こうえん / みい)
유명하다	유명한 피아니스트의 공연을 보러간다.
名高い	名高いピアニストの公演を見に行く。

何気ない (なにげ)	彼女は何気なく微笑んでいた。(かのじょ / なにげ / ほほえ)
아무렇지도 않다/태연하다	그녀는 아무렇지도 않게 미소 짓고 있었다.
何気ない	彼女は何気なく微笑んでいた。

生臭い (なまぐさ)	どこかで生臭いにおいがするようだ。(なまぐさ)
비린내가 나다	어디선가 비린내가 나는 것 같다.
生臭い	どこかで生臭いにおいがするようだ。

ゲーム 게임 ｜ ピアニスト 피아니스트 ｜ 公演 (こうえん) 공연 ｜ 微笑む (ほほえ) 미소 짓다 ｜ におい 냄새/향기

✏️ 문장으로 단어를 익히고 손으로 직접 써보세요

なまぬる **生温い** 미온적이다	なまぬる そ ち なん こう か 生温い措置は何の効果もない。 미온적인 조치는 아무 효과도 없다.
生温い	生温い措置は何の効果もない。

なや **悩ましい** 괴롭다/고민스럽다	り こん ご なや じょうきょう つづ 離婚後に悩ましい状況が続いている。 이혼 후에 괴로운 상황이 계속되고 있다.
悩ましい	離婚後に悩ましい状況が続いている。

にぶ **鈍い** 둔하다/무디다	くすり の かんかく にぶ 薬を飲んだせいか感覚が鈍っている。 약을 먹어서 그런지 감각이 둔해져 있다.
鈍い	薬を飲んだせいか感覚が鈍っている。

のぞ **望ましい** 바람직하다	のぞ にんげんかんけい じゅうよう 望ましい人間関係が重要だ。 바람직한 인간관계가 중요하다.
望ましい	望ましい人間関係が重要だ。

そ ち　　　こう か　　　　り こん　　　じょうきょう　　　　かんかく　　　　かんけい　　　じゅうよう
措置 조치 | 効果 효과 | 離婚 이혼 | 状況 상황/정황 | 感覚 감각 | 関係 관계 | 重要
중요

✏️ **문장으로 단어를 익히고 손으로 직접 써보세요**

はかな **儚い**	終わってみれば儚いことだった。
덧없다/허무하다	끝나고 보니 허무한 일이었다.
儚い	終わってみれば儚いことだった。

まぎ **紛らわしい**	色が似ているので紛らわしい。
헤갈리기 쉽다	색깔이 비슷해서 헷갈리기 쉽다.
紛らわしい	色が似ているので紛らわしい。

みすぼらしい	３年ぶりに現われた彼はみすぼらしい姿だった。
볼품없다/초라하다	3년 만에 나타난 그는 초라한 모습이었다.
みすぼらしい	3年ぶりに現われた彼はみすぼらしい姿だった。

もの た **物足りない**	完成した作品だが、どこか物足りない点がある。
뭔가 아쉽다	완성된 작품이지만 어딘가 아쉬운 점이 있다.
物足りない	完成した作品だが、どこか物足りない点がある。

似る 닮다/비슷하다 | 現われる 나타나다/출현하다 | 完成 완성 | 作品 작품

번호	단어	읽는 법	뜻	체크
1	鮮やかだ	あざやかだ	선명하다	☐
2	陰気だ	いんきだ	음침하다	☐
3	円滑だ	えんかつだ	원활하다	☐
4	円満だ	えんまんだ	원만하다	☐
5	穏やかだ	おだやかだ	평온하다	☐
6	温和だ	おんわだ	온화하다	☐
7	活発だ	かっぱつだ	활발하다	☐
8	簡素だ	かんそだ	간소하다	☐
9	貴重だ	きちょうだ	귀중하다	☐
10	強硬だ	きょうこうだ	강경하다	☐
11	強烈だ	きょうれつだ	강렬하다	☐
12	軽快だ	けいかいだ	경쾌하다	☐
13	巧妙だ	こうみょうだ	교묘하다	☐
14	孤独だ	こどくだ	고독하다	☐
15	固有だ	こゆうだ	고유하다	☐
16	残酷だ	ざんこくだ	잔혹하다	☐
17	迅速だ	じんそくだ	신속하다	☐
18	詳細だ	しょうさいだ	상세하다	☐
19	質素だ	しっそだ	검소하다	☐
20	精巧だ	せいこうだ	정교하다	☐

✏️ 문장으로 단어를 익히고 손으로 직접 써보세요

あざ**鮮やかだ**	いろ あざ きれい 色が鮮やかで綺麗だ。
선명하다	색이 선명하고 예쁘다.
鮮やかだ	色が鮮やかで綺麗だ。

いんき**陰気だ**	ちかしつ いんき ふんいき ただよ 地下室には陰気な雰囲気が漂っていた。
음침하다	지하실에는 음침한 분위기가 감돌고 있었다.
陰気だ	地下室には陰気な雰囲気が漂っていた。

えんかつ**円滑だ**	えんかつ かんけい たも 円滑な関係を保っている。
원활하다	원활한 관계를 유지하고 있다.
円滑だ	円滑な関係を保っている。

えんまん**円満だ**	こうしょう えんまん お 交渉は円満に終わった。
원만하다	협상은 원만하게 끝났다.
円満だ	交渉は円満に終わった。

ちかしつ   ふんいき   かんけい   たも   こうしょう
地下室 지하실 | 雰囲気 분위기 | 関係 관계 | 保つ 유지하다/지키다/보전하다 | 交渉

교섭/협상

✏️ **문장으로 단어를 익히고 손으로 직접 써보세요**

おだ **穏やかだ**	そうだん おだ ふんいき すす 相談はとても穏やかな雰囲気で進められた。
평온하다	상담은 매우 평온한 분위기에서 진행됐다.
穏やかだ	相談はとても穏やかな雰囲気で進められた。

おんわ **温和だ**	おんわ ふゆ てんき つづ 温和な冬の天気が続いています。
온화하다	온화한 겨울 날씨가 이어지고 있습니다.
温和だ	温和な冬の天気が続いています。

かっぱつ **活発だ**	さかな うご かっぱつ 魚の動きが活発だ。
활발하다	물고기의 움직임이 활발하다.
活発だ	魚の動きが活発だ。

かんそ **簡素だ**	そぼく かんそ ぜんだ 素朴で簡素なお膳立て。
간소하다	소박하고 간소한 상차림.
簡素だ	素朴で簡素なお膳立て。

そうだん ふんいき てんき うご そぼく ぜんだ
相談 상담 ｜ 雰囲気 분위기 ｜ 天気 날씨/일기 ｜ 動き 움직임 ｜ 素朴 소박 ｜ お膳立て
상차림

✏️ **문장으로 단어를 익히고 손으로 직접 써보세요**

貴重だ き ちょう 귀중하다	生命より貴重なものはない。 せいめい　　き ちょう 생명보다 귀중한 것은 없다.
貴重だ	生命より貴重なものはない。

強硬だ きょうこう 강경하다	政府の強硬な立場が必要だ。 せい ふ　きょうこう　たち ば　ひつよう 정부의 강경한 입장이 필요하다.
強硬だ	政府の強硬な立場が必要だ。

強烈だ きょうれつ 강렬하다	強烈なスタートは注目を集めるのに十分だった。 きょうれつ　　　　　　ちゅうもく　あつ　　　　じゅうぶん 강렬한 시작은 주목을 끌기에 충분했다.
強烈だ	強烈なスタートは注目を集めるのに十分だった。

軽快だ けいかい 경쾌하다	明るく軽快なリズムが響き渡った。 あか　　けいかい　　　　　　ひび　わた 밝고 경쾌한 리듬이 울려 퍼졌다.
軽快だ	明るく軽快なリズムが響き渡った。

生命 목숨/생명 | 政府 정부 | 立場 입장/처지 | 必要 필요 | スタート 스타트/출발 |
せいめい　　　　　　　せい ふ　　　　　 たち ば　　　　　　　　ひつよう
注目 주목/관심을 가지고 지켜보는 것 | リズム 리듬 | 響き渡る 울려 퍼지다
ちゅうもく　　　　　　　　　　　　　　　　　　　　　　　ひび　わた

✏️ **문장으로 단어를 익히고 손으로 직접 써보세요**

こうみょう **巧妙だ**	こうみょう　 て ぐち　 はんざい　 ふ 巧妙な手口の犯罪が増えている。
교묘하다	교묘한 수법의 범죄가 늘고 있다.
巧妙だ	巧妙な手口の犯罪が増えている。

こ どく **孤独だ**	さび　　 こ どく　 しゅんかん　 か ぞく　 おも　 だ 寂しくて孤独な瞬間に家族を思い出す。
고독하다	외롭고 고독한 순간에 가족을 떠올린다.
孤独だ	寂しくて孤独な瞬間に家族を思い出す。

こ ゆう **固有だ**	ち いき　 こ ゆう　 ぶんか か ち　 そうしゅつ 地域の固有の文化価値を創出する。
고유하다	지역의 고유한 문화 가치를 창출한다.
固有だ	地域の固有の文化価値を創出する。

ざんこく **残酷だ**	れき し　 のこ　 ざんこく　 じ けん 歴史に残る残酷な事件だった。
잔혹하다	역사에 남을 만큼 잔혹한 사건이었다.
残酷だ	歴史に残る残酷な事件だった。

て ぐち
手口 (범죄 등의)수법 ｜ はんざい
犯罪 범죄 ｜ ふ
増える 늘다/증가하다/늘어나다 ｜ さび
寂しい 허전하다/
쓸쓸하다/외롭다 ｜ しゅんかん
瞬間 순간 ｜ おも だ
思い出す 생각해 내다/상기하다/떠올리다 ｜ ち いき
地域 지역 ｜
か ち
価値 가치 ｜ そうしゅつ
創出 창출 ｜ れき し
歴史 역사 ｜ じ けん
事件 사건

[N1] な형용사 단어 쓰기 05

✏️ 문장으로 단어를 익히고 손으로 직접 써보세요

じんそく **迅速だ**	じんそく たいしょ たいさんじ ふせ 迅速な対処で大惨事を防いだ。
신속하다	신속한 대처로 대형 참사를 막았다.
迅速だ	迅速な対処で大惨事を防いだ。

しょうさい **詳細だ**	しょうさい お ほうこく 詳細については追って報告いたします。
상세하다	상세한 사항에 대해서는 추후 보고 드리겠습니다.
詳細だ	詳細については追って報告いたします。

しっそ **質素だ**	かれ たから いっとう あ あいか しっそ 彼は宝くじの1等に当たったが、相変わらず質素だ。
검소하다	그는 복권 1등에 당첨됐지만 변함없이 검소하다.
質素だ	彼は宝くじの1等に当たったが、相変わらず質素だ。

せいこう **精巧だ**	せいこう さぎょう しゅうちゅう 精巧な作業なので集中しなければなりません。
정교하다	정교한 작업이라 집중해야 합니다.
精巧だ	精巧な作業なので集中しなければなりません。

たいしょ さんじ ふせ お ほうこく
対処 대처 | **惨事** 참사 | **防ぐ** 막다/방어하다 | **追って** 추후에/곧/머지않아 | **報告** 보고 |

たから あいか さぎょう しゅうちゅう
宝くじ 복권 | **相変わらず** 변함없이/여전히 | **作業** 작업 | **集中** 집중

23일차 단어 미리 보기 알고 있는 단어를 체크해 보세요

번호	단어	읽는 법	뜻	체크
1	誠実だ	せいじつだ	성실하다	☐
2	清純だ	せいじゅんだ	청순하다	☐
3	盛大だ	せいだいだ	성대하다	☐
4	精密だ	せいみつだ	정밀하다	☐
5	素朴だ	そぼくだ	소박하다	☐
6	達者だ	たっしゃだ	능숙하다	☐
7	多様だ	たようだ	다양하다	☐
8	単調だ	たんちょうだ	단조롭다	☐
9	知的だ	ちてきだ	지적이다	☐
10	忠実だ	ちゅうじつだ	충실하다	☐
11	著名だ	ちょめいだ	저명하다	☐
12	手薄だ	てうすだ	허술하다	☐
13	手軽だ	てがるだ	간편하다	☐
14	頻繁だ	ひんぱんだ	빈번하다	☐
15	貧弱だ	ひんじゃくだ	빈약하다	☐
16	不吉だ	ふきつだ	불길하다	☐
17	密接だ	みっせつだ	밀접하다	☐
18	平等だ	びょうどうだ	평등하다	☐
19	猛烈だ	もうれつだ	맹렬하다	☐
20	良好だ	りょうこうだ	양호하다	☐

✏️ 문장으로 단어를 익히고 손으로 직접 써보세요

せいじつ **誠実だ**	かのじょ　きんべん　せいじつ　ひと 彼女は勤勉で誠実な人だった。
수준	그녀는 근면하고 성실한 사람이었다.
誠実だ	彼女は勤勉で誠実な人だった。

せいじゅん **清純だ**	かのじょ　せいじゅん　すがた　みりょく　かん 彼女の清純な姿に魅力を感じた。
청순하다	그녀의 청순한 모습에서 매력을 느꼈다.
清純だ	彼女の清純な姿に魅力を感じた。

せいだい **盛大だ**	せいだい　けっこんしき 盛大な結婚式だった。
성대하다	성대한 결혼식이었다.
盛大だ	盛大な結婚式だった。

せいみつ **精密だ**	かいぞうど　すぐ　けんびきょう　せいみつ　かんさつ 解像度の優れた顕微鏡で精密に観察する。
정밀하다	해상도가 뛰어난 현미경으로 정밀하게 관찰하다.
精密だ	解像度の優れた顕微鏡で精密に観察する。

きんべん　　　　みりょく　　　　　　けっこんしき　　　　かいぞうど　　　　　すぐ
勤勉 근면 | 魅力 매력 | 結婚式 결혼식 | 解像度 해상도 | 優れる 뛰어나다/훌륭하다/

けんびきょう　　　　かんさつ
우수하다 | 顕微鏡 현미경 | 観察 관찰/사물이나 현상을 자세히 살펴보는 것

✏️ 문장으로 단어를 익히고 손으로 직접 써보세요

そぼく **素朴だ** 소박하다	そぼく　いなか まち　ふうけい　うつく 素朴な田舎町の風景は美しかった。 소박한 시골 마을의 풍경은 아름다웠다.
素朴だ	素朴な田舎町の風景は美しかった。

たっしゃ **達者だ** 능숙하다	かのじょ　えいご　たっしゃ　ひと　　　しんぱい 彼女は英語が達者な人なので心配いらない。 그녀는 영어에 능통한 사람이라 걱정할 필요가 없다.
達者だ	彼女は英語が達者な人なので心配いらない。

た よう **多様だ** 다양하다	ざっ か てん　　　　た よう 雑貨店には多様なものがあります。 잡화점에는 다양한 물건이 있습니다.
多様だ	雑貨店には多様なものがあります。

たんちょう **単調だ** 단조롭다	わたし　にちじょう　　き そくてき　たんちょう 私の日常は規則的で単調だ。 나의 일상은 규칙적이고 단조롭다.
単調だ	私の日常は規則的で単調だ。

いなか まち　　　　　　　　　　ふうけい　　　　　　　しんぱい　　　　　　　　　　　　　ざっ か てん　　　　　　にちじょう
田舎町 시골 마을 | 風景 풍경 | 心配 걱정/근심/염려/심려 | 雑貨店 잡화점 | 日常 일상
き そくてき
| 規則的 규칙적

[N1] な 형용사 단어 쓰기 03

✏️ 문장으로 단어를 익히고 손으로 직접 써보세요

ちてき **知的だ**	かのじょ ちてき げんどう ひんい かん 彼女の知的な言動から品位が感じられた。
지적이다	그녀의 지적인 언행에서 품위가 느껴졌다.
知的だ	彼女の知的な言動から品位が感じられた。

ちゅうじつ **忠実だ**	がくぎょう ちゅうじつ すがた りっぱ 学業に忠実な姿は立派だ。
충실하다	학업에 충실한 모습은 훌륭하다.
忠実だ	学業に忠実な姿は立派だ。

ちょめい **著名だ**	ちょめい しゃかいがくしゃ よ 著名な社会学者のエッセイを読んでいる。
저명하다	저명한 사회학자의 에세이를 읽고 있다.
著名だ	著名な社会学者のエッセイを読んでいる。

てうす **手薄だ**	はくぶつかん けいび てうす 博物館の警備が手薄だ。
허술하다	박물관의 경비가 허술하다.
手薄だ	博物館の警備が手薄だ。

げんどう　ひんい　　　　がくぎょう　しゃかいがくしゃ　　　　　　　　　　　はくぶつかん
言動 언동 ｜ 品位 품위 ｜ 学業 학업 ｜ 社会学者 사회학자 ｜ エッセイ 에세이 ｜ 博物館
けいび
박물관 ｜ 警備 경비

✏️ **문장으로 단어를 익히고 손으로 직접 써보세요**

手軽だ 간편하다	コンビニで手軽に食べられる食べ物を買った。 편의점에서 간편하게 먹을 수 있는 음식을 샀다.
手軽だ	コンビニで手軽に食べられる食べ物を買った。
頻繁だ 빈번하다	最近は広告電話が頻繁にかかってくる。 요즘은 광고 전화가 빈번하게 걸려 온다.
頻繁だ	最近は広告電話が頻繁にかかってくる。
貧弱だ 빈약하다	救助当時、子供は貧弱な体つきだった。 구조 당시 아이는 빈약한 체격이었다.
貧弱だ	救助当時、子供は貧弱な体つきだった。
不吉だ 불길하다	何だかわからない不吉な予感がした。 왠지 모를 불길한 예감이 들었다.
不吉だ	何だかわからない不吉な予感がした。

広告 광고 | 救助 구조/(이재민·조난자 등을)위험한 상태에서 구하여 주는 것 | 当時 당시 |
予感 예감

[N1] な형용사 단어 쓰기 05

✏️ 문장으로 단어를 익히고 손으로 직접 써보세요

みっせつ **密接だ**	りょうこく みっせつ かんけい たも 両国は密接な関係を保っている。
밀접하다	양국은 밀접한 관계를 유지하고 있다.
密接だ	両国は密接な関係を保っている。

びょうどう **平等だ**	こくみん ほう まえ びょうどう すべての国民は法の前に平等だ。
평등하다	모든 국민은 법 앞에 평등하다.
平等だ	すべての国民は法の前に平等だ。

もうれつ **猛烈だ**	かっこく き せい もうれつ いきお ひ はん 各国の規制を猛烈な勢いで批判した。
맹렬하다	각국의 규제를 맹렬한 기세로 비판했다.
猛烈だ	各国の規制を猛烈な勢いで批判した。

りょうこう **良好だ**	けんこうじょうたい りょうこう かくにん 健康状態が良好であることが確認された。
양호하다	건강상태가 양호한 것으로 확인됐다.
良好だ	健康状態が良好であることが確認された。

りょうこく
両国 양국 ｜ かんけい
関係 관계 ｜ たも
保つ 유지하다/보전하다 ｜ こくみん
国民 국민 ｜ かっこく
各国 각국/각 나라 ｜

き せい
規制 규제 ｜ いきお
勢い 기세/활기/힘 ｜ ひ はん
批判 비판 ｜ けんこう
健康 건강 ｜ じょうたい
状態 상태 ｜ かくにん
確認 확인

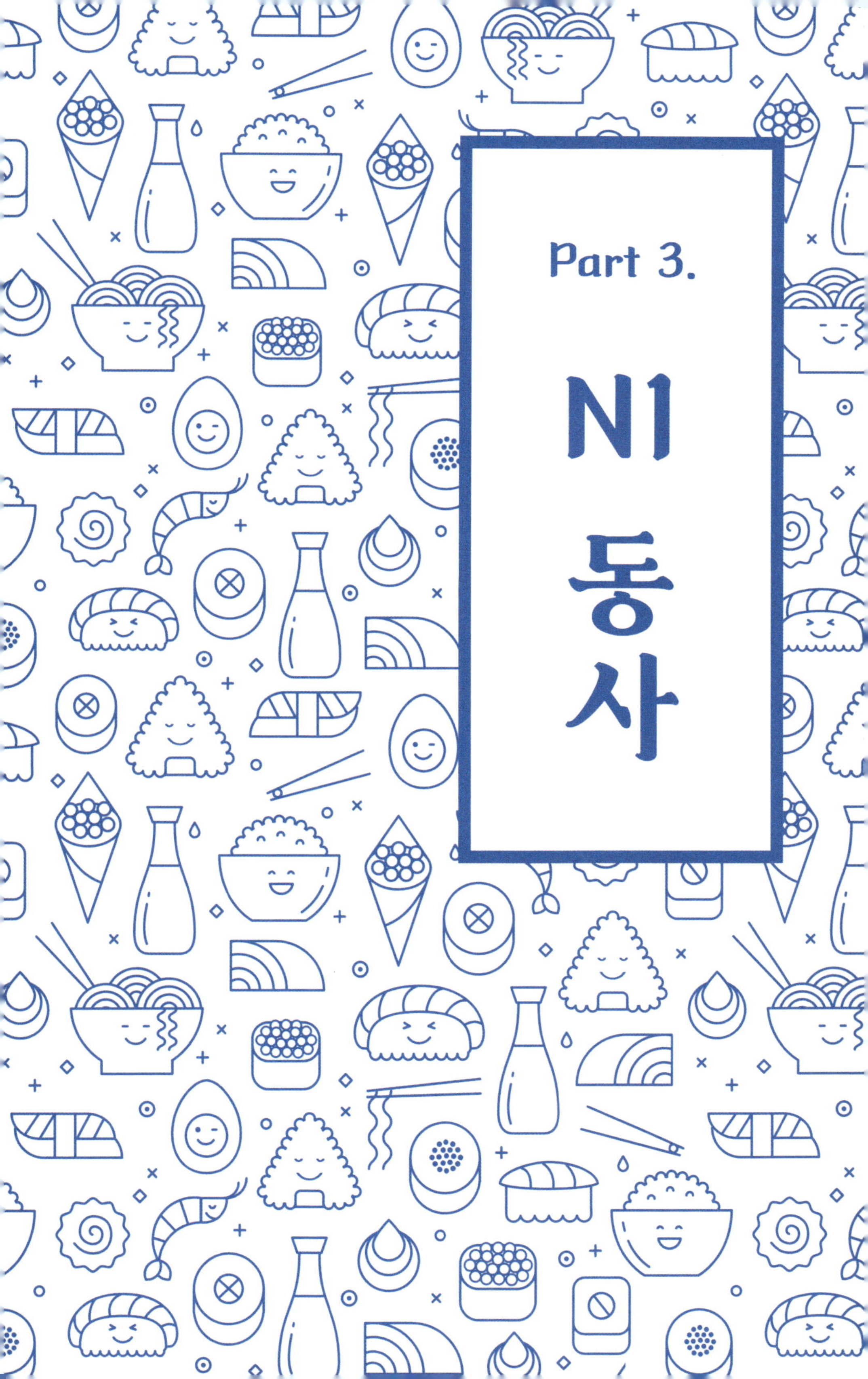
Part 3.
N1
동사

번호	단어	읽는 법	뜻	체크
1	明かす	あかす	밝히다/털어놓다	☐
2	欺く	あざむく	속이다/기만하다	☐
3	あざ笑う	あざわらう	비웃다/코웃음치다	☐
4	焦る	あせる	안달하다/초조해하다	☐
5	褪せる	あせる	바래다/퇴색하다	☐
6	値する	あたいする	할 만하다/가치가 있다	☐
7	誂える	あつらえる	맞추다/주문하다	☐
8	操る	あやつる	다루다/ 말을 잘 구사하다	☐
9	危ぶむ	あやぶむ	의심하다/ 위태로워하다	☐
10	誤る	あやまる	잘못하다/실패하다	☐
11	歩む	あゆむ	걷다/나아가다	☐
12	案じる	あんじる	생각하다/걱정하다/ 염려하다	☐
13	生かす	いかす	살리다/소생시키다	☐
14	意気込む	いきごむ	벼르다/각오를 굳히다	☐
15	いじる	いじる	만지작거리다/손대다	☐
16	炒める	いためる	기름에 볶다	☐
17	いたわる	いたわる	돌보다/ 노고를 위로하다	☐
18	営む	いとなむ	경영하다/영위하다	☐
19	挑む	いどむ	도전하다/덤비다	☐
20	受かる	うかる	합격하다	☐

✏️ **문장으로 단어를 익히고 손으로 직접 써보세요**

あ **明かす** 밝히다/털어놓다	5年も黙っていたがついに友人に秘密を明かした。 5년이나 말을 하지 않다가 결국 친구에게 비밀을 털어놓았다.
明かす	5年も黙っていたがついに友人に秘密を明かした。

あざむ **欺く** 속이다/기만하다	彼の行動は私たちを欺くためのものだった。 그의 행동은 우리를 속이기 위한 것이었다.
欺く	彼の行動は私たちを欺くためのものだった。

わら **あざ笑う** 비웃다/코웃음치다	彼女が私をあざ笑っているようだった。 그녀가 나를 비웃는 것 같았다.
あざ笑う	彼女が私をあざ笑っているようだった。

あせ **焦る** 안달하다/초조해하다	受験生たちは焦っている。 수험생들은 초조해하고 있다.
焦る	受験生たちは焦っている。

だま
黙る 말을 하지 않다/가만히 있다 | **ついに** 결국/드디어/마침내 | **ひみつ**
秘密 비밀 | **こうどう**
行動 행동 |
じゅけんせい
受験生 수험생

[N1 동사] あ행 단어 쓰기 02

✏️ 문장으로 단어를 익히고 손으로 직접 써보세요

褪せる あ	父の日記帳は色褪せていた。 ちち にっきちょう いろあ
바래다/퇴색하다	아버지의 일기장은 색이 바래있었다.
褪せる	父の日記帳は色褪せていた。

値する あたい	この絵は所蔵するに値する作品だ。 え しょぞう あたい さくひん
할 만하다/가치가 있다	이 그림은 소장할 만한 가치가 있는 작품이다.
値する	この絵は所蔵するに値する作品だ。

誂える あつら	結婚を前にウエディングドレスを誂えた。 けっこん まえ あつら
맞추다/주문하다	결혼을 앞두고 웨딩드레스를 맞췄다.
誂える	結婚を前にウエディングドレスを誂えた。

操る あやつ	彼はスペイン語とドイツ語を自由に操る。 かれ ご ご じゆう あやつ
말을 잘 구사하다	그는 스페인어와 독일어를 자유롭게 구사한다.
操る	彼はスペイン語とドイツ語を自由に操る。

日記帳 일기장 | 所蔵 소장 | 作品 작품 | 結婚 결혼 | ウエディングドレス 웨딩드레
にっきちょう　　　　しょぞう　　　　さくひん　　　　けっこん
ス | 自由 자유
じゆう

[N1 동사] あ행 단어 쓰기 03

✏️ 문장으로 단어를 익히고 손으로 직접 써보세요

あや 危ぶむ	けっぱく かのじょ ことば あや 潔白だという彼女の言葉を危ぶんでいる。
의심하다	결백하다는 그녀의 말을 의심하고 있다.
危ぶむ	潔白だという彼女の言葉を危ぶんでいる。

あやま 誤る	あやま せんたく 誤った選択をしてしまった。
잘못하다/실패하다	잘못된 선택을 하고 말았다.
誤る	誤った選択をしてしまった。

あゆ 歩む	しょくば や さっか みち あゆ 職場を辞めて作家の道を歩むことになった。
걷다/나아가다	직장을 그만두고 작가의 길을 걷게 되었다.
歩む	職場を辞めて作家の道を歩むことになった。

あん 案じる	お あん 起きてもいないことを案じている。
걱정하다/염려하다	일어나지도 않은 일을 걱정하고 있다.
案じる	起きてもいないことを案じている。

けっぱく　せんたく　しょくば　や
潔白 결백 ｜ 選択 선택 ｜ 職場 직장 ｜ 辞める (일자리 등을)그만두다/사직하다/사임하다 ｜
さっか
作家 작가

✏️ 문장으로 단어를 익히고 손으로 직접 써보세요

生かす (い)	素材の味を生かして、料理を用意しました。
살리다/소생시키다	재료 본연의 맛을 살려서 음식을 준비했습니다.
生かす	素材の味を生かして、料理を用意しました。

意気込む (いきご)	彼は試合で優勝すると意気込んでいた。
벼르다/각오를 굳히다	그는 시합에서 우승하겠다고 벼르고 있었다.
意気込む	彼は試合で優勝すると意気込んでいた。

いじる	彼女は唇をいじるくせがあります。
만지작거리다/손대다	그녀는 입술을 만지작거리는 버릇이 있습니다.
いじる	彼女は唇をいじるくせがあります。

炒める (いた)	熱したフライパンで野菜を炒める。
기름에 볶다	달궈진 팬에 야채를 볶는다.
炒める	熱したフライパンで野菜を炒める。

素材 재료 | 味 맛 | 料理 요리 | 試合 경기/시합 | 優勝 우승 | 唇 입술 | 熱する 뜨겁게 하다/가열하다

✏️ **문장으로 단어를 익히고 손으로 직접 써보세요**

いたわる	病んだ老父母をいたわる。
돌보다/노고를 위로하다	편찮으신 노부모를 돌보다.
いたわる	病んだ老父母をいたわる。

営む	基本権は人間らしい生活を営むための権利だ。
영위하다/경영하다	기본권은 인간다운 생활을 영위하기 위한 권리이다.
営む	基本権は人間らしい生活を営むための権利だ。

挑む	息子と共にヒマラヤ登山に挑む。
도전하다/덤비다	아들과 함께 히말라야 등산에 도전한다.
挑む	息子と共にヒマラヤ登山に挑む。

受かる	昇進試験に受かって、家族も喜んでいる。
합격하다	승진시험에 합격해서 가족들도 기뻐하고 있다.
受かる	昇進試験に受かって、家族も喜んでいる。

基本権 기본권 | 人間 인간 | 生活 생활 | 権利 권리 | 息子 아들/자식 | 共に 함께/같이
| 登山 등산 | 昇進 승진 | 試験 시험/테스트 | 喜ぶ 기뻐하다

번호	단어	읽는 법	뜻	체크
1	受け入れる	うけいれる	받아들이다/수용하다	☐
2	受け継ぐ	うけつぐ	계승하다/이어받다	☐
3	受け付ける	うけつける	접수하다/들어주다	☐
4	受け止める	うけとめる	받아내다/받아들이다	☐
5	埋める	うずめる	묻다/메우다/뒤덮다	☐
6	打ち明ける	うちあける	숨김없이 말하다	☐
7	打ち切る	うちきる	중지하다/중단하다	☐
8	うつむく	うつむく	머리(고개)를 숙이다	☐
9	促す	うながす	재촉하다/촉진시키다	☐
10	うぬぼれる	うぬぼれる	자부하다/자만하다	☐
11	産む	うむ	낳다/출산하다	☐
12	上回る	うわまわる	상회하다/웃돌다	☐
13	植わる	うわる	심어지다/심기다	☐
14	追い込む	おいこむ	몰아넣다/빠뜨리다	☐
15	怠る	おこたる	소홀히 하다	☐
16	治まる	おさまる	가라앉다/잠잠해지다	☐
17	襲う	おそう	덮치다/습격하다	☐
18	脅す	おどす	위협하다/협박하다	☐
19	怯える	おびえる	겁먹다/가위눌리다	☐
20	重んじる・ずる	おもんじる・ずる	중요시하다/존중하다	☐

✏️ **문장으로 단어를 익히고 손으로 직접 써보세요**

受け入れる 받아들이다/수용하다	大変だが、現実を受け入れることにした。 힘들지만 현실을 받아들이기로 했다.
受け入れる	大変だが、現実を受け入れることにした。

受け継ぐ 계승하다/이어받다	父の技術を受け継ぎ、職人の道に進んだ。 아버지의 기술을 이어받아 장인의 길로 나아갔다.
受け継ぐ	父の技術を受け継ぎ、職人の道に進んだ。

受け付ける 접수하다/들어주다	参加申し込みを受け付けました。 참가 신청을 접수했습니다.
受け付ける	参加申し込みを受け付けました。

受け止める 받아내다/받아들이다	深刻に受け止めるべきことではない。 심각하게 받아들일 일이 아니다.
受け止める	深刻に受け止めるべきことではない。

現実 현실 | 技術 기술 | 参加 참가 | 深刻 심각

✏️ **문장으로 단어를 익히고 손으로 직접 써보세요**

埋める〈うず〉	布団に顔を埋めて泣いた。〈ふとん かお うず な〉
묻다/메우다/뒤덮다	이불에 얼굴을 파묻고 울었다.
埋める	布団に顔を埋めて泣いた。

打ち明ける〈う あ〉	子供は幼稚園でのことを母親に打ち明けた。〈こ ども よう ち えん ははおや う あ〉
숨김없이 말하다	아이는 유치원에서 있었던 일을 엄마에게 털어놓았다.
打ち明ける	子供は幼稚園でのことを母親に打ち明けた。

打ち切る〈う き〉	審判は試合を打ち切ることを告げた。〈しんぱん し あい う き つ〉
중지하다/중단하다	심판은 경기를 중단할 것을 알렸다.
打ち切る	審判は試合を打ち切ることを告げた。

うつむく	彼女はうつむいて泣いていた。〈かのじょ な〉
머리(고개)를 숙이다	그녀는 고개를 숙이고 울고 있었다.
うつむく	彼女はうつむいて泣いていた。

布団〈ふ とん〉 이불/요 | 顔〈かお〉 얼굴/낯 | 泣く〈な〉 울다 | 幼稚園〈よう ち えん〉 유치원 | 審判〈しんぱん〉 심판 | 試合〈し あい〉 경기/시합 | 告げる〈つ〉 고하다/알리다

✏️ **문장으로 단어를 익히고 손으로 직접 써보세요**

促す (うなが)	債務者に返済を促す。 (さいむしゃ / へんさい / うなが)
재촉하다/촉진시키다	채무자에게 변제를 재촉하다.
促す	債務者に返済を促す。

うぬぼれる	誰よりも一生懸命生きてきたとうぬぼれている。 (だれ / いっしょうけんめい・い)
자부하다/자만하다	누구보다도 열심히 살아왔다고 자부하고 있다.
うぬぼれる	誰よりも一生懸命生きてきたとうぬぼれている。

産む (う)	亀は卵を産む。 (かめ / たまご / う)
낳다/출산하다	거북은 알을 낳는다.
産む	亀は卵を産む。

上回る (うわまわ)	ソウルは例年、この時期の気温を上回っている。 (れいねん / じき / きおん / うわまわ)
상회하다/웃돌다	서울은 예년 이맘때 기온을 웃돌고 있다.
上回る	ソウルは例年、この時期の気温を上回っている。

債務者 (さいむしゃ) 채무자 | 返済 (へんさい) 변제 | 一生懸命 (いっしょうけんめい) 매우 열심히 함 | 亀 (かめ) 거북 | 卵 (たまご) 알/달걀/계란 |

ソウル 서울(지명) | 例年 (れいねん) 예년 | 気温 (きおん) 기온

[N1 동사] あ행 단어 쓰기 04

✏️ 문장으로 단어를 익히고 손으로 직접 써보세요

^う植わる	^{むら}村の^い入り^{ぐち}口に^{やなぎ}柳が^う植わっていた。
심어지다/심기다	마을 입구에 버드나무가 심어져 있었다.
植わる	村の入り口に柳が植わっていた。

^{お こ}追い込む	^{にわとり ご や}鶏 小屋の^{なか}中に^{にわとり}鶏を^{お こ}追い込んだ。
몰아넣다/빠뜨리다	닭장 안에 닭을 몰아넣었다.
追い込む	鶏小屋の中に鶏を追い込んだ。

^{おこた}怠る	^{かれ}彼は^{じぶん}自分が^{ひ う}引き受けた^{しごと}仕事は^{けっ}決して^{おこた}怠らない。
소홀히 하다	그는 자신이 맡은 일은 결코 소홀히 하지 않는다.
怠る	彼は自分が引き受けた仕事は決して怠らない。

^{おさ}治まる	^{くすり}薬を^の飲んだら^{いた}痛みが^{おさ}治まった。
가라앉다/잠잠해지다	약을 먹었더니 통증이 가라앉았다.
治まる	薬を飲んだら痛みが治まった。

^{むら}村 촌/마을 ｜ ^{い ぐち}入り口 입구 ｜ ^{やなぎ}柳 버드나무/수양버들 ｜ ^{にわとり ご や}鶏 小屋 닭장 ｜ ^{にわとり}鶏 닭 ｜ ^{ひ う}引き受ける 떠맡다/(책임지고)맡다 ｜ ^{いた}痛み 아픔/통증

[N1 동사] あ행 단어 쓰기 05

✏️ 문장으로 단어를 익히고 손으로 직접 써보세요

おそ **襲う**	**き ろくてき おおゆき ぜんこく おそ** 記録的な大雪が全国を襲った。
덮치다/습격하다	기록적인 폭설이 전국을 덮쳤다.
襲う	記録的な大雪が全国を襲った。

おど **脅す**	**ごうとう かね だ おど** 強盗は金を出せと脅した。
위협하다/협박하다	강도는 돈을 내놓으라고 위협했다.
脅す	強盗は金を出せと脅した。

おび **怯える**	**ひ がいしゃ おび** 被害者はひどく怯えていた。
겁먹다/가위눌리다	피해자는 잔뜩 겁에 질려 있었다.
怯える	被害者はひどく怯えていた。

おも **重んじる・ずる**	**かれ かね めいよ おも** 彼は金よりも名誉を重んじる。
중요시하다/존중하다	그는 돈보다 명예를 더 중요시한다.
重んじる・ずる	彼は金よりも名誉を重んじる。

おおゆき
大雪 대설/큰 눈 | **ぜんこく**
全国 전국 | **ごうとう**
強盗 강도 | **ひ がいしゃ**
被害者 피해자 | **めい よ**
名誉 명예

번호	단어	읽는 법	뜻	체크
1	害する	がいする	해치다/방해하다	☐
2	駆ける	かける	달리다/구보하다	☐
3	賭ける	かける	걸다/내기하다	☐
4	霞む	かすむ	안개가 끼다/ 흐릿하게 보이다	☐
5	傾ける	かたむける	기울이다	☐
6	固める	かためる	한데 모으다/굳히다	☐
7	叶う	かなう	이루어지다/할 수 있다	☐
8	叶える	かなえる	성취시키다/이루어 주다	☐
9	庇う	かばう	감싸다/두둔하다	☐
10	絡む	からむ	얽히다/휘감기다	☐
11	涸れる	かれる	마르다/고갈되다	☐
12	軋む	きしむ	삐걱거리다	☐
13	鍛える	きたえる	단련하다/연마하다	☐
14	興じる	きょうじる	즐거워하다/흥겨워하다	☐
15	切り替える	きりかえる	바꾸다/전환하다	☐
16	食い違う	くいちがう	어긋나다/엇갈리다	☐
17	口ずさむ	くちずさむ	읊조리다/흥얼거리다	☐
18	覆す	くつがえす	뒤엎다/전복시키다	☐
19	けなす	けなす	깍아내리다/헐뜯다	☐
20	心掛ける	こころがける	명심하다/항상 유의하다	☐

✏️ **문장으로 단어를 익히고 손으로 직접 써보세요**

がい **害する** 해치다/방해하다	まやく　にんげん　せいしん　けんこう　がい 麻薬は人間の精神の健康を害する。 마약은 인간의 정신건강을 해친다.
害する	麻薬は人間の精神の健康を害する。

か **駆ける** 달리다/구보하다	ち　こく　　　　えき　　　ぜんりょく　か 遅刻しそうで、駅まで全力で駆けた。 지각할 것 같아서 역까지 전력으로 달렸다.
駆ける	遅刻しそうで、駅まで全力で駆けた。

か **賭ける** 걸다/내기하다	かね　か　　　ともだち お金を賭けて友達とビリヤードをした。 돈을 걸고 친구와 당구를 쳤다.
賭ける	お金を賭けて友達とビリヤードをした。

かす **霞む** 흐릿하게 보이다	とし　　　　　め　　　かす 歳のせいか目がよく霞むようになった。 나이 탓인지 눈이 자주 흐려졌다.
霞む	歳のせいか目がよく霞むようになった。

まやく　　　　　せいしん　　　　ちこく　　　　　　　　　　　　　　　　　　とし
麻薬 마약 | 精神 정신 | 遅刻 지각 | ビリヤード 빌리어드/당구 | 歳 연령/나이

✎ **문장으로 단어를 익히고 손으로 직접 써보세요**

傾ける 기울이다/마시다	耳を傾けて聞いていた。 귀를 기울여 듣고 있었다.
傾ける	耳を傾けて聞いていた。

固める 한데 모으다/굳히다	気を取り直して考えを固めた。 마음을 가다듬고 생각을 굳혔다.
固める	気を取り直して考えを固めた。

叶う 이루어지다/할 수 있다	夢が叶うまで長い時間がかかった。 꿈이 이루어지기까지 오랜 시간이 걸렸다.
叶う	夢が叶うまで長い時間がかかった。

叶える 성취시키다/이루어 주다	努力の末に夢を叶えた。 노력 끝에 꿈을 이루었다.
叶える	努力の末に夢を叶えた。

取り直す 새로이 하다/고쳐 잡다 | 長い 길다/(세월·시간이)오래다 | 努力 노력/애씀 |
末 끝/마지막

[N1 동사] か행 단어 쓰기 03 

✏️ **문장으로 단어를 익히고 손으로 직접 써보세요**

かば **庇う** 감싸다/두둔하다	ともだち しっぱい かば 友達の失敗を庇ってあげた。 친구의 실수를 감싸 주었다.
庇う	友達の失敗を庇ってあげた。

から **絡む** 얽히다/휘감기다	じ けん もんだい から この事件にはいろいろな問題が絡んでいる。 이 사건에는 여러 가지 문제가 얽혀 있다.
絡む	この事件にはいろいろな問題が絡んでいる。

か **涸れる** 마르다/고갈되다	ひ で つづ かわ みず か 日照り続きで川の水が涸れている。 가뭄이 계속되어 강물이 마르고 있다.
涸れる	日照り続きで川の水が涸れている。

きし **軋む** 삐걱거리다	い す すわ きし おと 椅子に座るたびに軋む音がする。 의자에 앉을 때마다 삐걱거리는 소리가 난다.
軋む	椅子に座るたびに軋む音がする。

しっぱい じ けん ひ で い す
失敗 실패/실수 | 事件 사건 | 日照り 가뭄 | 椅子 의자

✏️ **문장으로 단어를 익히고 손으로 직접 써보세요**

きた **鍛える** 단련하다/연마하다	からだ きた　　　　　　　まいにちうんどう 身体を鍛えるために毎日運動をする。 몸을 단련하기 위해 매일 운동을 한다.
鍛える	身体を鍛えるために毎日運動をする。

きょう **興じる** 즐거워하다/흥겨워하다	おも　で　　うた　き　　　　　きょう 思い出の歌を聞きながら興じた。 추억의 노래를 들으며 흥겨워했다.
興じる	思い出の歌を聞きながら興じた。

き　か **切り替える** 바꾸다/전환하다	きも　　き　か 気持ちを切り替えるためにポイントメイクをした。 기분을 전환하기 위해 포인트 메이크업을 했다.
切り替える	気持を切り替えるためにポイントメイクをした。

く　ちが **食い違う** 어긋나다/엇갈리다	じこ　げんいん　　　　　　しゅちょう　く　ちが 事故の原因についての主張が食い違っている。 사고 원인에 대한 주장이 엇갈리고 있다.
食い違う	事故の原因についての主張が食い違っている。

からだ　　　　　　うんどう　　　　おも　で　　　　　　　きも　　　　　　　じこ　　　げんいん
身体 몸/신체 ｜ 運動 운동 ｜ 思い出 기억/추억 ｜ 気持ち 기분/감정 ｜ 事故 사고 ｜ 原因
しゅちょう
원인 ｜ 主張 주장

✎ 문장으로 단어를 익히고 손으로 직접 써보세요

くち **口ずさむ**	彼は気分がいいのか鼻歌を口ずさむ。
읊조리다/흥얼거리다	그는 기분이 좋은지 콧노래를 흥얼거린다.
口ずさむ	彼は気分がいいのか鼻歌を口ずさむ。

くつがえ **覆す**	既存の学説を覆すほどの研究結果が出た。
뒤엎다/전복시키다	기존 학설을 뒤엎을만한 연구 결과가 나왔다.
覆す	既存の学説を覆すほどの研究結果が出た。

けなす	人をけなすことは、私をけなすことと同じだ。
깎아내리다/헐뜯다	남을 헐뜯는 것은 나를 헐뜯는 것과 같다.
けなす	人をけなすことは、私をけなすことと同じだ。

こころ が **心掛ける**	同じミスを繰り返さないように常に心掛けている。
명심하다/항상 유의하다	같은 실수를 반복하지 않도록 항상 유의하고 있다.
心掛ける	同じミスを繰り返さないように常に心掛けている。

気分 기분 | 鼻歌 콧노래 | 既存 기존 | 学説 학설 | 研究 연구 | 結果 결과 | ミス 실패/잘못함 | 繰り返す 되풀이하다/반복하다 | 常に 늘/항상/언제나

27일차 단어 미리 보기 알고 있는 단어를 체크해 보세요

번호	단어	읽는 법	뜻	체크
1	遮る	さえぎる	차단하다/가로막다	☐
2	さえずる	さえずる	지저귀다/재잘거리다	☐
3	冴える	さえる	맑아지다/선명하다	☐
4	探り出す	さぐりだす	알아내다/찾아내다	☐
5	裂ける	さける	찢어지다/터지다	☐
6	捧げる	ささげる	양손으로 받들다/바치다	☐
7	差し出す	さしだす	내밀다/제출하다	☐
8	差し支える	さしつかえる	지장이 있다	☐
9	擦る	さする	문지르다/쓰다듬다	☐
10	定まる	さだまる	안정되다/정해지다	☐
11	定める	さだめる	결정하다/가라앉히다	☐
12	虐げる	しいたげる	학대하다/못살게 굴다	☐
13	仕入れる	しいれる	매입하다/사들이다	☐
14	強いる	しいる	강요하다/ 억지로 시키다	☐
15	仕切る	しきる	칸막이하다/결산하다	☐
16	しくじる	しくじる	실수하다/해고되다	☐
17	湿気る	しける	눅눅해지다/습기가 차다	☐
18	慕う	したう	그리워하다/사모하다	☐
19	仕立てる	したてる	만들다/양성하다	☐
20	萎びる	しなびる	시들다/쭈그러지다	☐

✏️ 문장으로 단어를 익히고 손으로 직접 써보세요

さえぎ 遮る	カーテンで日光を遮った。
차단하다/가로막다	커튼으로 햇빛을 가렸다.
遮る	カーテンで日光を遮った。

さえずる	鳥たちのさえずる声に目が覚めた。
지저귀다/재잘거리다	새들의 지저귀는 소리에 잠에서 깼다.
さえずる	鳥たちのさえずる声に目が覚めた。

さ 冴える	ぐっすり眠ったら頭が冴えてきた。
맑아지다/선명하다	푹 잤더니 머리가 맑아졌다.
冴える	ぐっすり眠ったら頭が冴えてきた。

さぐ だ 探り出す	警察は事件の真相を探り出そうとしている。
알아내다/찾아내다	경찰은 사건의 진상을 알아내려고 하고 있다.
探り出す	警察は事件の真相を探り出そうとしている。

カーテン 커튼/장막 | 日光 일광/햇볕 | 目が覚める 눈뜨다/잠을 깨다 | ぐっすり 깊이 잠든 모양/푹 | 事件 사건 | 真相 진상

[N1 동사] さ행 단어 쓰기 02

✏️ 문장으로 단어를 익히고 손으로 직접 써보세요

裂ける（さ）	転んだ時、ストッキングが裂けた。（ころ・とき・さ）
찢어지다/터지다	넘어졌을 때 스타킹이 찢어졌다.
裂ける	転んだ時、ストッキングが裂けた。

捧げる（ささ）	父は教育者としてその道に一生を捧げた。（ちち・きょういくしゃ・みち・いっしょう・ささ）
바치다	아버지는 교육자로서 그 길에 일생을 바치셨다.
捧げる	父は教育者としてその道に一生を捧げた。

差し出す（さ・だ）	彼は意を決して裁判所に訴状を差し出した。（かれ・い・けっ・さいばんしょ・そじょう・さ・だ）
내밀다/제출하다	그는 결심하고 법원에 소장을 제출했다.
差し出す	彼は意を決して裁判所に訴状を差し出した。

差し支える（さ・つか）	不便だが日常生活に大きく差し支えない。（ふ・べん・にちじょうせいかつ・おお・さ・つか）
지장이 있다	불편하지만 일상생활에 큰 지장은 없다.
差し支える	不便だが日常生活に大きく差し支えない。

転ぶ（ころ） 쓰러지다/자빠지다/구르다 | ストッキング 스타킹 | 教育者（きょういくしゃ） 교육자 | 一生（いっしょう） 일생/평생 | 裁判所（さいばんしょ） 재판소/법원 | 訴状（そじょう） 소장/소송장 | 日常生活（にちじょうせいかつ） 일상생활

[N1 동사] さ행 단어 쓰기 03

✏️ **문장으로 단어를 익히고 손으로 직접 써보세요**

さす **擦る** 문지르다/쓰다듬다	母は私のお腹を優しく擦ってくれた。 어머니는 내 배를 부드럽게 문질러 주셨다.
擦る	母は私のお腹を優しく擦ってくれた。

さだ **定まる** 안정되다/정해지다	目標が定まれば、私は決して諦めない。 목표가 정해지면 나는 결코 포기하지 않는다.
定まる	目標が定まれば、私は決して諦めない。

さだ **定める** 결정하다/가라앉히다	選択と行動が運命を定める。 선택과 행동이 운명을 결정한다.
定める	選択と行動が運命を定める。

しいた **虐げる** 학대하다/못살게 굴다	動物を虐げるのは犯罪だ。 동물을 학대하는 것은 범죄다.
虐げる	動物を虐げるのは犯罪だ。

目標 목표 | 選択 선택 | 行動 행동 | 運命 운명 | 動物 동물 | 犯罪 범죄

[N1 동사] さ행 단어 쓰기 04

✏️ 문장으로 단어를 익히고 손으로 직접 써보세요

仕入れる しいれる	在庫物件を安値で仕入れた。
매입하다/사들이다	재고 상품을 싸게 구입했다.
仕入れる	在庫物件を安値で仕入れた。

強いる しいる	拷問によって自白を強いることは違法行為です。
강요하다	고문을 통해 자백을 강요하는 것은 위법 행위입니다.
強いる	拷問によって自白を強いることは違法行為です。

仕切る しきる	広いワンルームを仕切って、寝室を作りました。
칸막이하다/결산하다	넓은 원룸을 칸막이하여 침실을 만들었습니다.
仕切る	広いワンルームを仕切って、寝室を作りました。

しくじる	新入社員がしくじって、会社は大損だ。
실수하다/해고되다	신입사원이 실수해서 회사는 큰 손해를 입었다.
しくじる	新入社員がしくじって、会社は大損だ。

在庫 재고, 남아 있는 물건 | 物件 물건, 상품 | 安値 싼값/염가 | 拷問 고문 | 自白 자백 |
違法 위법 | 広い 넓다 | ワンルーム 원룸 | 寝室 침실 | 新入社員 신입사원 | 大損 매우 큰 손해

[N1 동사] さ행 단어 쓰기 05

✏️ 문장으로 단어를 익히고 손으로 직접 써보세요

湿気る (しけ) 눅눅해지다	お菓子(かし)がすぐに湿気(しけ)てしまった。 과자가 금세 눅눅해져 버렸다.
湿気る	お菓子がすぐに湿気てしまった。

慕う (した) 그리워하다/사모하다	亡(な)き父(ちち)を慕(した)っている。 돌아가신 아버지를 그리워하고 있다.
慕う	亡き父を慕っている。

仕立てる (した) 만들다/양성하다	娘(むすめ)の誕生日(たんじょうび)プレゼントとして、ドレスを仕立(した)てました。 딸의 생일 선물로 드레스를 만들었습니다.
仕立てる	娘の誕生日プレゼントとして、ドレスを仕立てました。

萎びる (しな) 시들다/쭈그러지다	りんごの肌(はだ)が少(すこ)し萎(しな)びてきている。 사과 껍질이 조금 시들어가고 있다.
萎びる	りんごの肌が少し萎びてきている。

誕生日(たんじょうび) (탄)생일/출생일 | プレゼント 선물

번호	단어	읽는 법	뜻	체크
1	凌ぐ	しのぐ	견디어 내다/능가하다	☐
2	染みる	しみる	배다/번지다/아프다	☐
3	準じる	じゅんじる	기준으로 삼다/준하다	☐
4	生じる	しょうじる	발생하다/생기다	☐
5	称する	しょうする	사칭하다/칭하다	☐
6	記す	しるす	기록하다/적다	☐
7	据え付ける	すえつける	고정시키다/설치하다	☐
8	廃れる	すたれる	쓸모없게 되다/쇠퇴하다	☐
9	澄ます	すます	맑게 하다/깨끗이 하다	☐
10	済ます	すます	끝내다/마치다	☐
11	擦りむく	すりむく	찰과상을 입다	☐
12	擦れる	すれる	닳다/스치다	☐
13	制する	せいする	제지하다/억제하다	☐
14	添える	そえる	곁들이다/첨부하다	☐
15	備え付ける	そなえつける	비치하다/설치하다	☐
16	備わる	そなわる	갖추어지다/구비되다	☐
17	聳える	そびえる	(산·건물 등이) 우뚝 솟다	☐
18	背く	そむく	등지다/어기다	☐
19	染まる	そまる	물들다/염색되다	☐
20	染める	そめる	물들이다/염색하다	☐

✏️ 문장으로 단어를 익히고 손으로 직접 써보세요

しの **凌ぐ**	かれ じつりょく　　　　　しの 彼の実力はプロを凌ぐほどだった。
견디어 내다/능가하다	그의 실력은 프로를 능가할 정도였다.
凌ぐ	彼の実力はプロを凌ぐほどだった。

し **染みる**	かみ　し　　ひろ インクが紙に染みて広がった。
배다/번지다/아프다	잉크가 종이에 스며들어 번졌다.
染みる	インクが紙に染みて広がった。

じゅん **準じる**	かいしゃ き てい じゅん　ちょうかい　う む　けってい 会社規定に準じて懲戒の有無が決定されます。
기준으로 삼다/준하다	회사 규정에 준하여 징계 유무가 결정됩니다.
準じる	会社規定に準じて懲戒の有無が決定されます。

しょう **生じる**	かれ　こうどう　ぎ もん　しょう いつからか、彼の行動に疑問が生じました。
발생하다/생기다	언제부턴가 그의 행동에 의문이 생겼습니다.
生じる	いつからか、彼の行動に疑問が生じました。

じつりょく
実力 실력 | **プロ(プロフェッショナル)** 프로/전문가 | **インク** 잉크 | き てい
規定 규정 |
ちょうかい
懲戒 징계 | う む
有無 유무 | **いつからか** 언제부턴가 | こうどう
行動 행동 | ぎ もん
疑問 의문

[N1 동사] さ행 단어 쓰기 02

✏️ 문장으로 단어를 익히고 손으로 직접 써보세요

しょう **称する** 사칭하다/칭하다	彼は慈善事業家と称して詐欺を働いた。
	그는 자선 사업가라고 칭하며 사기를 쳤다.
称する	彼は慈善事業家と称して詐欺を働いた。

しる **記す** 기록하다/적다	毎日寝る前に今日の出来事を記す習慣があります。
	매일 잠들기 전에 오늘의 일을 기록하는 습관이 있습니다.
記す	毎日寝る前に今日の出来事を記す習慣があります。

す　つ **据え付ける** 고정시키다/설치하다	人通りの少ない路地に防犯カメラを据え付けた。
	인적이 드문 골목에 방범 카메라를 설치했다.
据え付ける	人通りの少ない路地に防犯カメラを据え付けた。

すた **廃れる** 쇠퇴하다	古い方式は徐々に廃れていきます。
	오래된 방식은 점차 쇠퇴해 갈 것입니다.
廃れる	古い方式は徐々に廃れていきます。

慈善 자선 | 事業家 사업가 | 詐欺 사기 | 出来事 사건/일 | 習慣 습관 | 人通りの少ない 인적이 드물다 | 路地 골목(길) | 防犯 방범 | 方式 방식 | 徐々に 점차/서서히

✏️ **문장으로 단어를 익히고 손으로 직접 써보세요**

澄ます（す）	心が乱れた時、瞑想によって心を澄ませる。
맑게 하다/깨끗이 하다	마음이 흐트러졌을 때 명상으로 마음을 맑게 한다.
澄ます	心が乱れた時、瞑想によって心を澄ませる。

済ます（す）	今まで先延ばしにしてきたことを済ませたいです。
끝내다/마치다	그동안 미뤄왔던 일을 끝내고 싶습니다.
済ます	今まで先延ばしにしてきたことを済ませたいです。

擦りむく（す）	子供は転んで膝を擦りむき、泣いていました。
찰과상을 입다	아이는 넘어져서 무릎이 까진 채로 울고 있었습니다.
擦りむく	子供は転んで膝を擦りむき、泣いていました。

擦れる（す）	シャツの袖だけが擦れていた。
닳다/스치다	셔츠의 소매만 닳아 있었다.
擦れる	シャツの袖だけが擦れていた。

乱れる（みだ） 어지러워지다/흐트러지다/혼란해지다 | 瞑想（めいそう） 명상 | 先延ばしにする（さき の） 나중으로 미루다 | 転ぶ（ころ） 자빠지다/넘어지다 | 膝（ひざ） 무릎 | 袖（そで） 소매

✏️ **문장으로 단어를 익히고 손으로 직접 써보세요**

せい **制する** 제지하다/억제하다	おこ かんじょう せい とき 怒ると感情を制することができない時があります。 화가 나면 감정을 억제하지 못할 때가 있습니다.
制する	怒ると感情を制することができない時があります。

そ **添える** 첨부하다/곁들이다	にくりょうり そ やさい あ もの いっそう お い 肉料理に添える野菜の和え物は、一層美味しかった。 고기 요리에 곁들이는 채소무침은 더욱 맛있었다.
添える	肉料理に添える野菜の和え物は、一層美味しかった。

そな つ **備え付ける** 비치하다/설치하다	ひ じょうじ そな きゅうめいどうい そな つ 非常時に備えて、救命胴衣が備え付けてあります。 비상시를 대비해 구명조끼가 비치되어 있습니다.
備え付ける	非常時に備えて、救命胴衣が備え付けてあります。

そな **備わる** 갖추어지다/구비되다	さいしん い りょうき き そな びょういん 最新医療機器が備わっている病院です。 최신 의료기기가 갖추어진 병원입니다.
備わる	最新医療機器が備わっている病院です。

おこ　　　　　　　　　　　　　かんじょう　　　　にくりょうり　　　　　　　あ もの　　　　　　ひ じょうじ
怒る 성내다/화내다 | 感情 감정 | 肉料理 고기 요리 | 和え物 버무림/무침 | 非常時

い りょうき き
비상시 | 医療機器 의료기기

[N1 동사] さ행 단어 쓰기 05

✏️ 문장으로 단어를 익히고 손으로 직접 써보세요

聳える （そび） 우뚝 솟다	村の入り口には柳の木が聳えていた。 마을 입구에는 버드나무가 우뚝 솟아 있었다.
聳える	村の入り口には柳の木が聳えていた。

背く （そむ） 등지다/어기다	約束を背けば信頼を失う。 약속을 어기면 신뢰를 잃게 된다.
背く	約束を背けば信頼を失う。

染まる （そ） 물들다/염색되다	紅葉が赤く染まりました。 단풍이 붉게 물들었습니다.
染まる	紅葉が赤く染まりました。

染める （そ） 물들이다/염색하다	白髪が増えたので、髪を茶色に染めた。 흰머리가 늘어나서 머리를 갈색으로 염색했다.
染める	白髪が増えたので、髪を茶色に染めた。

村（むら） 마을/촌락/시골 | 入り口（い ぐち） 입구 | 柳（やなぎ） 버드나무 | 約束（やくそく） 약속 | 信頼（しんらい） 신뢰 | 失う（うしな） 잃다/잃어버리다 | 紅葉（こうよう） 단풍 | 白髪（しら が） 흰머리/새치 | 増える（ふ） 늘어나다/증가하다 | 髪（かみ） 머리카락 | 茶色（ちゃいろ） 갈색

번호	단어	읽는 법	뜻	체크
1	題する	だいする	제목을 붙이다	☐
2	絶える	たえる	그치다/끊어지다	☐
3	耐える	たえる	견디다/참다	☐
4	蓄える	たくわえる	비축하다/저축하다	☐
5	漂う	ただよう	감돌다/떠돌다	☐
6	立ち去る	たちさる	떠나다/물러가다	☐
7	立ち寄る	たちよる	다가서다/들르다	☐
8	断つ	たつ	끊다/차단하다	☐
9	脱する	だっする	벗어나다/탈출하다	☐
10	束ねる	たばねる	묶다/다발을 짓다	☐
11	費やす	ついやす	쓰다/소비하다/ 낭비하다	☐
12	継ぐ	つぐ	계승하다/상속하다	☐
13	接ぐ	つぐ	이어 붙이다/접골하다	☐
14	尽くす	つくす	다하다/전력하다	☐
15	付け加える	つけくわえる	덧붙이다/첨가하다	☐
16	告げる	つげる	고하다/알리다	☐
17	慎む	つつしむ	삼가다/조심하다	☐
18	突っ張る	つっぱる	버티다/고집을 부리다	☐
19	抓る	つねる	꼬집다	☐
20	呟く	つぶやく	중얼거리다/투덜거리다	☐

✏️ **문장으로 단어를 익히고 손으로 직접 써보세요**

だい **題する** 제목을 붙이다	彼女は最後の作品を「懐かしさ」と題しました。 그녀는 마지막 작품을 '그리움'이라고 제목을 붙였습니다.
題する	彼女は最後の作品を「懐かしさ」と題しました。

た **絶える** 그치다/끊어지다	一日中雨が絶えることなく降り続きました。 하루 종일 비가 그치지 않고 계속 내렸습니다.
絶える	一日中雨が絶えることなく降り続きました。

た **耐える** 견디다/참다	これ以上の苦痛には耐えられません。 더 이상의 고통은 견딜 수 없습니다.
耐える	これ以上の苦痛には耐えられません。

たくわ **蓄える** 비축하다/저축하다	老後の生活費は前もって蓄えるべきです。 노후 생활비는 미리 저축해야 합니다.
蓄える	老後の生活費は前もって蓄えるべきです。

最後(さいご) 마지막/최후 | **作品**(さくひん) 작품 | **懐かしさ**(なつ) 그리움 | **一日中**(いちにちじゅう) 온종일/하루종일 | **苦痛**(くつう) 고통 | **老後**(ろうご) 노후/노년 | **生活費**(せいかつひ) 생활비 | **前もって**(まえ) 미리/사전에

[N1 동사] た행 단어 쓰기 02

✏️ 문장으로 단어를 익히고 손으로 직접 써보세요

ただよ **漂う**	両国間には緊張した雰囲気が漂っていました。
감돌다/떠돌다	양국 간에는 긴장된 분위기가 감돌고 있었습니다.
漂う	両国間には緊張した雰囲気が漂っていました。

た さ **立ち去る**	彼女は涙を流しながら席を立ち去った。
떠나다/물러가다	그녀는 눈물을 흘리며 자리를 떠났다.
立ち去る	彼女は涙を流しながら席を立ち去った。

た よ **立ち寄る**	駅の近くのコンビニに立ち寄って傘を買いました。
다가서다/들르다	역 근처 편의점에 들러서 우산을 샀습니다.
立ち寄る	駅の近くのコンビニに立ち寄って傘を買いました。

た **断つ**	彼は酒とタバコを断ちました。
끊다/차단하다	그는 술과 담배를 끊었습니다.
断つ	彼は酒とタバコを断ちました。

両国 양국 | 緊張 긴장 | 雰囲気 분위기 | 涙 눈물 | コンビニ 편의점 | 酒 술 | タバコ 담배

[N1 동사] た행 단어 쓰기 03

✏️ 문장으로 단어를 익히고 손으로 직접 써보세요

脱する だっ	辛うじて危険から脱することができました。
벗어나다/탈출하다	가까스로 위험에서 벗어날 수 있었습니다.
脱する	辛うじて危険から脱することができました。

束ねる たば	長い髪を二つに束ねた。
묶다/다발을 짓다	긴 머리를 양갈래로 묶었다.
束ねる	長い髪を二つに束ねた。

費やす つい	育児に全てのエネルギーと時間を費やしています。
쓰다/소비하다	육아에 모든 에너지와 시간을 쓰고 있습니다.
費やす	育児に全てのエネルギーと時間を費やしています。

継ぐ つ	彼は先代の事業を継いで、社長になった。
계승하다/상속하다	그는 선대의 사업을 계승하여 사장이 되었다.
継ぐ	彼は先代の事業を継いで、社長になった。

辛うじて 겨우/간신히/가까스로 | 危険 위험 | 髪 머리털/머리카락 | 育児 육아 | エネルギー 에너지 | 時間 시간 | 先代 선대 | 事業 사업

[N1 동사] た행 단어 쓰기 04

✏️ **문장으로 단어를 익히고 손으로 직접 써보세요**

接ぐ〔つ〕	写真の破れた部分を繊細に接いだ。
이어 붙이다/접골하다	사진의 찢어진 부분을 섬세하게 이어 붙였다.
接ぐ	写真の破れた部分を繊細に接いだ。

尽くす〔つ〕	任された仕事に最善を尽くす姿が殊勝だった。
다하다/전력하다	맡은 일에 최선을 다하는 모습이 기특했다.
尽くす	任された仕事に最善を尽くす姿が殊勝だった。

付け加える〔つ・くわ〕	彼は最後に自分の意見を付け加えました。
덧붙이다/첨가하다	그는 마지막으로 자신의 의견을 덧붙였습니다.
付け加える	彼は最後に自分の意見を付け加えました。

告げる〔つ〕	授業終了を告げるチャイムが鳴りました。
고하다/알리다	수업 종료를 알리는 종소리가 울렸습니다.
告げる	授業終了を告げるチャイムが鳴りました。

写真〔しゃしん〕 사진 | 破れる〔やぶ〕 찢어지다/깨지다 | 部分〔ぶぶん〕 부분 | 繊細〔せんさい〕 섬세(함) | 任す〔まか〕 맡기다 | 最善〔さいぜん〕 최선 | 姿〔すがた〕 모양/모습 | 殊勝〔しゅしょう〕 기특함/갸륵함 | 最後〔さいご〕 최후/마지막 | 意見〔いけん〕 의견 | 授業〔じゅぎょう〕 수업 | 終了〔しゅうりょう〕 종료 | チャイム 차임/종소리

[N1 동사] た행 단어 쓰기 05

✏️ 문장으로 단어를 익히고 손으로 직접 써보세요

つつし **慎む**	にんしんちゅう　　む り　　うんどう　つつし 妊娠中は無理な運動は慎むべきです。
삼가다/조심하다	임신 중에는 무리한 운동은 삼가야 합니다.
慎む	妊娠中は無理な運動は慎むべきです。

つ　　ぱ **突っ張る**	かのじょ　じ ぶん　　　　かた　つ　ぱ 彼女は自分のやり方に突っ張っている。
버티다/고집을 부리다	그녀는 자기 방식만을 고집하고 있다.
突っ張る	彼女は自分のやり方に突っ張っている。

つね **抓る**	ゆめ　　　　　　　　ほお　つね 夢ではないかと頬を抓ってみました。
꼬집다	꿈이 아닌가 하고 볼을 꼬집어 보았습니다.
抓る	夢ではないかと頬を抓ってみました。

つぶや **呟く**	かのじょ　めんせつ　う　　　まえ　ひと　ごと　つぶや 彼女は面接を受ける前に独り言を呟いた。
중얼거리다	그녀는 면접을 보기 전에 혼잣말을 중얼거렸다.
呟く	彼女は面接を受ける前に独り言を呟いた。

にんしん　　　　　　　む り　　　　　うんどう　　　　　　　　かた　　　　　ほお　　　　めんせつ　　　　ひと　ごと
妊娠 임신 | 無理 무리 | 運動 운동 | やり方 하는 방식 | 頬 뺨/볼 | 面接 면접 | 独り言
독백/혼잣말

번호	단어	읽는 법	뜻	체크
1	つぶる	つぶる	눈을 감다/못 본척하다	☐
2	つまむ	つまむ	집다/잡다/요약하다	☐
3	連なる	つらなる	나란히 줄지어 있다	☐
4	貫く	つらぬく	가로지르다/관철하다	☐
5	手掛ける	てがける	손수 다루다/직접 하다	☐
6	転じる	てんじる	(방향·상태 등이) 변하다/바뀌다	☐
7	遠ざかる	とおざかる	멀어지다/소원해지다	☐
8	咎める	とがめる	비난하다/캐묻다	☐
9	途切れる	とぎれる	왕래가 끊기다/중단되다	☐
10	説く	とく	설명하다/설득하다	☐
11	遂げる	とげる	이루다/달성하다	☐
12	綴じる	とじる	철하다	☐
13	途絶える	とだえる	두절되다/ 왕래가 끊기다	☐
14	滞る	とどこおる	밀리다/ (일 등이)쌓여 있다	☐
15	整える	ととのえる	정리(정비)하다/ 준비하다	☐
16	唱える	となえる	외다/읊다/주창하다	☐
17	とぼける	とぼける	얼빠지다/시치미를 떼다	☐
18	取り締まる	とりしまる	감독하다/단속하다	☐
19	取り混ぜる	とりまぜる	섞다/뒤섞다/혼합하다	☐
20	取り戻す	とりもどす	되찾다/회복하다	☐

✏️ 문장으로 단어를 익히고 손으로 직접 써보세요

つぶる	目をつぶっているうちに、眠ってしまいました。
눈을 감다/못 본척하다	눈을 감고 있는 사이에 잠들어 버렸습니다.
つぶる	目をつぶっているうちに、眠ってしまいました。

つまむ	子供は箸で豆をつまむ練習をしています。
집다/잡다/요약하다	아이는 젓가락으로 콩을 집는 연습을 하고 있습니다.
つまむ	子供は箸で豆をつまむ練習をしています。

連なる (つら)	鳥が連なって空を飛んでいます。
나란히 줄지어 있다	새들이 줄지어 하늘을 날고 있습니다.
連なる	鳥が連なって空を飛んでいます。

貫く (つらぬ)	彼女は一貫して自分の信念を貫きました。
가로지르다/관철하다	그녀는 일관되게 자신의 신념을 관철했습니다.
貫く	彼女は一貫して自分の信念を貫きました。

眠る 잠자다/잠들다 | 箸 젓가락 | 豆 콩 | 練習 연습 | 鳥 새/조류 | 空 하늘/허공 | 飛ぶ (하늘을)날다/날아가다/날아오다 | 一貫 일관/처음부터 끝까지 한 이치로 꿰뚫음 | 信念 신념

✎ 문장으로 단어를 익히고 손으로 직접 써보세요

手掛ける (てが)	彼女は舞台演出も手掛けている。
손수 다루다/직접 하다	그녀는 무대 연출도 직접하고 있다.
手掛ける	彼女は舞台演出も手掛けている。

転じる (てん)	彼女の悲しみは、やがて怒りに転じた。
변하다/바뀌다	그녀의 슬픔은 이윽고 분노로 바뀌었다.
転じる	彼女の悲しみは、やがて怒りに転じた。

遠ざかる (とお)	親しかった友達との関係が遠ざかってしまった。
멀어지다/소원해지다	친했던 친구와의 관계가 멀어져 버렸다.
遠ざかる	親しかった友達との関係が遠ざかってしまった。

咎める (とが)	彼女は彼の不道徳な行動を咎めた。
비난하다/캐묻다	그녀는 그의 부도덕한 행동을 비난했다.
咎める	彼女は彼の不道徳な行動を咎めた。

舞台 (ぶたい) 무대 | 演出 (えんしゅつ) 연출 | 悲しみ (かな) 슬픔/비애 | やがて 머지않아/이윽고 | 怒り (いか) 분노/노여움 | 親しい (した) 친하다/사이가 좋다 | 関係 (かんけい) 관계 | 不道徳だ (ふどうとく) 부도덕하다 | 行動 (こうどう) 행동

[N1 동사] た행 단어 쓰기 03

✏️ **문장으로 단어를 익히고 손으로 직접 써보세요**

途切れる (とぎ)	山岳地帯では通信が途切れることがよくあります。
왕래가 끊기다/중단되다	산악 지대에서는 통신이 끊기는 경우가 종종 있습니다.
途切れる	山岳地帯では通信が途切れることがよくあります。
説く (と)	先生は学生たちに礼儀の重要性を説いた。
설명하다/설득하다	선생님은 아이들에게 예의의 중요성을 설명했다.
説く	先生は学生たちに礼儀の重要性を説いた。
遂げる (と)	長年の努力の末、ついに与えられた使命を遂げた。
이루다/달성하다	오랜 노력 끝에, 마침내 주어진 사명을 완수했다.
遂げる	長年の努力の末、ついに与えられた使命を遂げた。
綴じる (と)	散らばった書類を綴じて保管しています。
철하다	흩어진 서류를 철해서 보관하고 있습니다.
綴じる	散らばった書類を綴じて保管しています。

山岳地帯(さんがくちたい) 산악지대 | 通信(つうしん) 통신 | 礼儀(れいぎ) 예의 | 重要性(じゅうようせい) 중요성 | 長年(ながねん) 긴[오랜]세월/여러 해 | 努力(どりょく) 노력 | 末(すえ) 끝/마지막 | 使命(しめい) 사명 | 散らばる(ち) 흩어지다 | 書類(しょるい) 서류 | 保管(ほかん) 보관

✎ 문장으로 단어를 익히고 손으로 직접 써보세요

途絶える とだ	彼女とはずっと前に連絡が途絶えたままだ。 かのじょ まえ れんらく とだ
두절되다/왕래가 끊기다	그녀와는 오래전에 연락이 끊긴 상태다.
途絶える	彼女とはずっと前に連絡が途絶えたままだ。

滞る とどこお	人手不足のため、業務が滞っていた。 じんで ぶそく ぎょうむ とどこお
(일 등이)쌓여 있다	인력 부족으로 업무가 지연되고 있었다.
滞る	人手不足のため、業務が滞っていた。

整える ととの	講義資料を改めて整えてみた。 こうぎ しりょう あらた ととの
정리하다/준비하다	강의 자료를 다시 정리해 보았다.
整える	講義資料を改めて整えてみた。

唱える とな	彼はこれまでの常識を覆す新しい学説を唱えた。 かれ じょうしき くつがえ あたら がくせつ とな
외다/읊다/주창하다	그는 기존의 상식을 뒤엎는 새로운 학설을 주장했다.
唱える	彼はこれまでの常識を覆す新しい学説を唱えた。

ずっと前に 훨씬 전에 | 連絡 연락 | 講義 강의 | 資料 자료 | 改めて 다시/새롭게 |
常識 상식 | 覆す 뒤엎다/뒤집어엎다 | 学説 학설

✏️ **문장으로 단어를 익히고 손으로 직접 써보세요**

とぼける	彼女はとぼけて答えなかった。
시치미를 떼다	그녀는 시치미를 떼고 대답하지 않았다.
とぼける	彼女はとぼけて答えなかった。

取り締まる	麻薬取引を集中的に取り締まっている。
감독하다/단속하다	마약 거래를 집중적으로 단속하고 있다.
取り締まる	麻薬取引を集中的に取り締まっている。

取り混ぜる	日本語と英語を取り混ぜて話した。
섞다/뒤섞다/혼합하다	일본어와 영어를 섞어서 이야기했다.
取り混ぜる	日本語と英語を取り混ぜて話した。

取り戻す	健康を取り戻すために運動を始めた。
되찾다/회복하다	건강을 되찾기 위해 운동을 시작했다.
取り戻す	健康を取り戻すために運動を始めた。

答える 답하다/대답하다 | 麻薬 마약 | 取引 거래 | 集中的 집중적 | 健康 건강 | 運動 운동 | 始める 시작하다/개시하다

번호	단어	읽는 법	뜻	체크
1	嘆く	なげく	슬퍼하다/한탄하다	☐
2	投げ出す	なげだす	내던지다/내팽개치다	☐
3	名付ける	なづける	명명하다/이름짓다	☐
4	嘗める	なめる	핥다/깔보다	☐
5	悩ます	なやます	괴롭히다/고통을 주다	☐
6	馴らす	ならす	(동물 따위를)길들이다	☐
7	成り立つ	なりたつ	성립하다/이루어지다	☐
8	似通う	にかよう	서로 비슷하다	☐
9	賑わう	にぎわう	붐비다/흥청거리다	☐
10	逃げ出す	にげだす	도망치다/달아나다	☐
11	滲む	にじむ	번지다/스미다/배다	☐
12	担う	になう	짊어지다/떠맡다	☐
13	鈍る	にぶる	무디어지다/약해지다	☐
14	捩れる	ねじれる	꼬이다/비틀어지다	☐
15	妬む	ねたむ	질투하다/샘하다	☐
16	ねだる	ねだる	조르다/보채다	☐
17	煉る	ねる	반죽하다/다듬다	☐
18	逃す	のがす	놓아주다/놓치다	☐
19	逃れる	のがれる	도망치다/벗어나다	☐
20	乗っ取る	のっとる	탈취하다/점령하다	☐

✎ 문장으로 단어를 익히고 손으로 직접 써보세요

なげ 嘆く	ともだち かれ し なげ 友達は彼の死を嘆いた。
슬퍼하다/한탄하다	친구들은 그의 죽음을 슬퍼했다.
嘆く	友達は彼の死を嘆いた。

な だ 投げ出す	つか からだ な だ 疲れてベッドに体を投げ出した。
내던지다/내팽개치다	피곤해서 침대에 몸을 던졌다.
投げ出す	疲れてベッドに体を投げ出した。

なづ 名付ける	ひと なづ さい しんちょう 人に名付ける際は慎重であるべきです。
명명하다/이름짓다	사람에게 이름을 지어줄 때는 신중해야 한다.
名付ける	人に名付ける際は慎重であるべきです。

な 嘗める	しんじん い な 新人だからと言って、嘗めてはいけません。
핥다/깔보다	신입이라고 해서 무시해서는 안 됩니다.
嘗める	新人だからと言って、嘗めてはいけません。

し かられだ しんじん
死 죽음 | ベッド 베드/침대 | 体 몸/육체/신체 | 新人 신입

✏️ **문장으로 단어를 익히고 손으로 직접 써보세요**

悩ます (なや)	彼女との別れは、彼の心を深く悩ました。
괴롭히다/고통을 주다	그녀와의 이별은 그의 마음을 깊이 괴롭혔다.
悩ます	彼女との別れは、彼の心を深く悩ました。

馴らす (な)	馬を馴らすことは簡単ではありません。
(동물 따위를)길들이다	말을 길들이는 것은 쉽지 않습니다.
馴らす	馬を馴らすことは簡単ではありません。

成り立つ (な た)	信頼がなければ、人間関係は成り立ちません。
성립하다/이루어지다	믿음이 없다면 인간관계는 성립되지 않습니다.
成り立つ	信頼がなければ、人間関係は成り立ちません。

似通う (に かよ)	二人は考え方が似通っています。
서로 비슷하다	두 사람은 사고방식이 아주 비슷합니다.
似通う	二人は考え方が似通っています。

別れ (わか) 이별/헤어짐 | 深い (ふか) 깊다 | 馬 (うま) 말 | 信頼 (しんらい) 믿음/신뢰 | 関係 (かんけい) 관계 | 考え方 (かんが かた) 사고방식

[N1 동사] な행 단어 쓰기 03

✏️ 문장으로 단어를 익히고 손으로 직접 써보세요

賑わう (にぎ)	週末になると、この遊園地は人で賑わいます。
붐비다/흥청거리다	주말이 되면 이 놀이공원은 사람들로 붐빕니다.
賑わう	週末になると、この遊園地は人で賑わいます。

逃げ出す (に だ)	リードが外れた犬を見て、逃げ出してしまいました。
도망치다/달아나다	목줄이 풀린 개를 보고 도망쳐 버렸습니다.
逃げ出す	リードが外れた犬を見て、逃げ出してしまいました。

滲む (にじ)	異国的な情緒が滲む美しい都市だった。
번지다/스미다/배다	이국적인 정취가 배어있는 아름다운 도시였다.
滲む	異国的な情緒が滲む美しい都市だった。

担う (にな)	彼は重責を担い、会社を支えた。
짊어지다/떠맡다	그는 막중한 책임을 맡아 회사를 지탱했다.
担う	彼は重責を担い、会社を支えた。

週末 주말 | 遊園地 유원지/놀이공원 | リード 목줄/리드줄 | 外れる 벗겨지다/풀어지다 | 異国 이국/외국 | 情緒 정서/정취/분위기 | 都市 도시 | 重責 중책

✏️ 문장으로 단어를 익히고 손으로 직접 써보세요

にぶ **鈍る**	とし　　　　はんしゃしんけい　にぶ 歳をとると反射神経が鈍る。
무디어지다/약해지다	나이가 들면 반사신경이 둔해진다.
鈍る	歳をとると反射神経が鈍る。

ねじ **捩れる**	ねじ　　　　　　　し ドアが捩れて、うまく閉まらない。
꼬이다/비틀어지다	문이 뒤틀려서 잘 닫히지 않는다.
捩れる	ドアが捩れて、うまく閉まらない。

ねた **妬む**	かのじょ　ともだち　ゆうふく　かんきょう　ねた 彼女は友達の裕福な環境を妬んだ。
질투하다/샘하다	그녀는 친구의 유복한 환경을 질투했다.
妬む	彼女は友達の裕福な環境を妬んだ。

ねだる	こども　　まいにち　　　　　　　　か 子供は毎日おもちゃを買ってくれとねだります。
조르다/보채다	아이는 매일 장난감을 사달라고 조릅니다.
ねだる	子供は毎日おもちゃを買ってくれとねだります。

はんしゃしんけい　　　　　　ゆうふく　　　　　　　　　　　かんきょう
反射神経 반사신경 ｜ 裕福だ 유복하다/부유하다 ｜ 環境 환경 ｜ おもちゃ 장난감/완구

✎ **문장으로 단어를 익히고 손으로 직접 써보세요**

煉る（ね）	薬草を煉って丸薬を作った。
반죽하다/다듬다	약초를 반죽해 환약을 만들었다.
煉る	薬草を煉って丸薬を作った。

逃す（のが）	機会を逃したくないです。
놓아주다/놓치다	기회를 놓치고 싶지 않습니다.
逃す	機会を逃したくないです。

逃れる（のが）	辛うじて危機を逃れることができました。
도주하다/벗어나다	간신히 위기를 벗어날 수 있었습니다.
逃れる	辛うじて危機を逃れることができました。

乗っ取る（の・と）	乗っ取った理由は、金品を奪うためだった。
탈취하다/점령하다	탈취한 이유는 금품을 빼앗기 위해서였다.
乗っ取る	乗っ取った理由は、金品を奪うためだった。

薬草（やくそう） 약초 ｜ 丸薬（がんやく） 환약 ｜ 辛うじて（かろ） 겨우/간신히/가까스로 ｜ 危機（きき） 위기 ｜ 理由（りゆう） 이유 ｜
金品（きんぴん） 금품

32일차 단어 미리 보기 알고 있는 단어를 체크해 보세요

번호	단어	읽는 법	뜻	체크
1	諮る	はかる	자문하다/상의하다	☐
2	励ます	はげます	격려하다/힘을 돋구다	☐
3	励む	はげむ	힘쓰다/노력하다	☐
4	剥げる	はげる	벗겨지다/퇴색하다	☐
5	化ける	ばける	둔갑하다/변신하다	☐
6	弾く	はじく	튕기다/계산하다	☐
7	恥じる	はじる	부끄러워하다	☐
8	果たす	はたす	완수하다/달성하다	☐
9	ばてる	ばてる	지치다/녹초가 되다	☐
10	阻む	はばむ	방해하다/저지하다	☐
11	生やす	はやす	기르다/자라게 하다	☐
12	早める	はやめる	앞당기다/속력을 내다	☐
13	腫れる	はれる	붓다	☐
14	反する	はんする	반하다/어긋나다	☐
15	控える	ひかえる	대기하다/삼가다	☐
16	率いる	ひきいる	거느리다/인솔하다	☐
17	引きずる	ひきずる	질질 끌다	☐
18	歪む	ひずむ	비뚤어지다/일그러지다	☐
19	冷やかす	ひやかす	놀리다/(사려는 의도없이)값을 물어보다	☐
20	広まる	ひろまる	넓어지다/널리 퍼지다	☐

✎ **문장으로 단어를 익히고 손으로 직접 써보세요**

はか **諮る** 자문하다/상의하다	子供の教育について夫と諮りました。 아이 교육에 대해 남편과 상의했습니다.
諮る	子供の教育について夫と諮りました。

はげ **励ます** 격려하다/힘을 돋구다	成績が下がった生徒を励ましてくださいました。 성적이 떨어진 학생을 격려해 주셨습니다.
励ます	成績が下がった生徒を励ましてくださいました。

はげ **励む** 힘쓰다/노력하다	期限内に課題を終わらせるために、励んでいます。 기한 내에 과제를 끝내기 위해 노력하고 있습니다.
励む	期限内に課題を終わらせるために、励んでいます。

は **剥げる** 벗겨지다/퇴색하다	いつからか、頭が剥げてきていました。 언제부터인지 머리가 벗겨지고 있었습니다.
剥げる	いつからか、頭が剥げてきていました。

教育 교육 | **成績** 성적 | **期限** 기한 | **課題** 과제

✏️ **문장으로 단어를 익히고 손으로 직접 써보세요**

化ける 둔갑하다/변신하다	この妖怪は夜になると人間に化ける。 이 요괴는 밤이 되면 인간으로 변신한다.
化ける	この妖怪は夜になると人間に化ける。

弾く 튕기다/계산하다	細い指でカヤグムの弦を弾きながら演奏した。 가는 손가락으로 가야금 줄을 튕기며 연주했다.
弾く	細い指でカヤグムの弦を弾きながら演奏した。

恥じる 부끄러워하다	努力しなかった自分を恥じました。 노력하지 않았던 자신을 부끄러워했습니다.
恥じる	努力しなかった自分を恥じました。

果たす 완수하다/달성하다	諦めずに任務を果たしました。 포기하지 않고 임무를 완수했습니다.
果たす	諦めずに任務を果たしました。

妖怪 요괴/도깨비 ｜ 細い 가늘다 ｜ 弦 현/현악기의 줄 ｜ 演奏 연주 ｜ 努力 노력 ｜ 自分 자기/자신/스스로

✏️ 문장으로 단어를 익히고 손으로 직접 써보세요

ばてる	もうばててしまって、何もできない状態だ。
지치다/녹초가 되다	이미 녹초가 되어 아무것도 할 수 없는 상태다.
ばてる	もうばててしまって、何もできない状態だ。

阻む (はば)	競合他社が新技術の開発を阻んでいる。
방해하다/저지하다	경쟁사가 신기술 개발을 방해하고 있다.
阻む	競合他社が新技術の開発を阻んでいる。

生やす (は)	お父さんはひげを生やすことを嫌がっています。
기르다/자라게 하다	아버지는 수염 기르는 것을 싫어하십니다.
生やす	お父さんはひげを生やすことを嫌がっています。

早める (はや)	彼は出国の予定を早めることにした。
앞당기다/속력을 내다	그는 출국 일정을 앞당기기로 했다.
早める	彼は出国の予定を早めることにした。

状態 상태 ｜ 競合他社 경쟁회사 ｜ 新技術 신기술 ｜ 開発 개발 ｜ ひげ 수염/콧수염 ｜
嫌がる 싫어하다 ｜ 出国 출국 ｜ 予定 예정

✏️ 문장으로 단어를 익히고 손으로 직접 써보세요

は **腫れる** 붓다	喉が腫れていて、食べ物を飲み込みにくいです。 목이 부어서 음식을 삼키기가 힘듭니다.
腫れる	喉が腫れていて、食べ物を飲み込みにくいです。

はん **反する** 반하다/어긋나다	趣旨に反する意見は時間の無駄でしかありません。 취지에 반하는 의견은 시간 낭비일 뿐입니다.
反する	趣旨に反する意見は時間の無駄でしかありません。

ひか **控える** 대기하다/삼가다	手術前に食事は控えてください。 수술 전에 식사는 삼가야 합니다.
控える	手術前に食事は控えてください。

ひき **率いる** 거느리다/인솔하다	監督を務めた彼が選手団を率いて大会に参加した。 감독을 맡은 그가 선수단을 이끌고 대회에 참가했다.
率いる	監督を務めた彼が選手団を率いて大会に参加した。

喉 목/목구멍/인후 | 飲み込む 삼키다 | 趣旨 취지 | 意見 의견 | 時間の無駄 시간 낭비 |
手術 수술 | 食事 식사 | 監督 감독 | 務める 역을[임무] 맡다/역할을 다하다 | 参加 참가

✏️ 문장으로 단어를 익히고 손으로 직접 써보세요

引きずる (ひ)	長いズボンが床を引きずって汚れてしまった。 (なが) (ゆか) (ひ) (よご)
질질 끌다	긴 바지가 바닥에 질질 끌려서 더러워졌다.
引きずる	長いズボンが床を引きずって汚れてしまった。
歪む (ひず)	電波障害でラジオの音声が歪んだ。 (でん ぱ しょうがい) (おんせい) (ひず)
비뚤어지다/일그러지다	전파장애로 라디오 소리가 일그러졌다.
歪む	電波障害でラジオの音声が歪んだ。
冷やかす (ひ)	友達は私のくせ毛を冷やかした。 (ともだち) (わたし) (げ) (ひ)
놀리다	친구들은 나의 곱슬머리를 놀렸다.
冷やかす	友達は私のくせ毛を冷やかした。
広まる (ひろ)	感染症が広まるのを防ぐために緊急会議を開いた。 (かんせんしょう) (ひろ) (ふせ) (きんきゅうかい ぎ) (ひら)
넓어지다/널리 퍼지다	전염병이 퍼지는 것을 막기 위해 긴급회의를 열었다.
広まる	感染症が広まるのを防ぐために緊急会議を開いた。

ズボン (양복)바지 | 床 마루/바닥 | 汚れる 더러워지다/불결해지다 | 電波障害 전파장애 | ラジオ 라디오 | 音声 음성/소리 | くせ毛 곱슬머리 | 感染症 감염병/전염병 | 防ぐ 막다/방지하다 | 緊急会議 긴급회의 | 開く 열리다/벌어지다

번호	단어	읽는 법	뜻	체크
1	膨れる	ふくれる	부풀다/많아지다	☐
2	耽る	ふける	빠지다/골몰하다	☐
3	老ける	ふける	나이를 먹다/늙다	☐
4	伏せる	ふせる	내리깔다/엎드리다	☐
5	踏まえる	ふまえる	고려하다/근거로 삼다	☐
6	踏み込む	ふみこむ	발을 들여놓다	☐
7	振り返る	ふりかえる	회고하다/되돌아보다	☐
8	震わせる	ふるわせる	떨게 하다/떨다	☐
9	隔たる	へだたる	사이가 떨어지다/멀어지다	☐
10	経る	へる	지나다/경과하다	☐
11	報じる	ほうじる	보답(보복)하다/보도하다	☐
12	葬る	ほうむる	매장하다/묻다	☐
13	放り込む	ほうりこむ	던져 넣다/집어넣다	☐
14	放り出す	ほうりだす	내팽개치다/내던지다	☐
15	吠える	ほえる	짖다/으르렁거리다	☐
16	誇る	ほこる	자랑하다/뽐내다	☐
17	解ける	ほどける	풀리다/풀어지다	☐
18	施す	ほどこす	베풀다/시행하다	☐
19	ぼやける	ぼやける	희미해지다/멍해지다	☐
20	滅びる	ほろびる	멸망하다/절멸하다	☐

✏️ **문장으로 단어를 익히고 손으로 직접 써보세요**

膨れる (ふく) 부풀다/많아지다	大きく膨れた風船は今にも破裂しそうだった。 크게 부푼 풍선은 금방이라도 터질 것 같았다.
膨れる	大きく膨れた風船は今にも破裂しそうだった。

耽る (ふけ) 빠지다/골몰하다	彼はゲームに耽って仕事をしませんでした。 그는 게임에 빠져 일을 하지 않았습니다.
耽る	彼はゲームに耽って仕事をしませんでした。

老ける (ふ) 나이를 먹다/늙다	ストレスのせいか、肌がめっきり老けて見えました。 스트레스 탓인지 피부가 부쩍 늙어 보였습니다.
老ける	ストレスのせいか、肌がめっきり老けて見えました。

伏せる (ふ) 내리깔다/엎드리다	机に伏せたまま眠ってしまいました。 책상에 엎드린 채 잠들어 버렸습니다.
伏せる	机に伏せたまま眠ってしまいました。

風船 풍선 | 破裂する 파열하다/터지다 | ストレス 스트레스 | 肌 피부/살결 | めっきり 부쩍/현저히

✏️ 문장으로 단어를 익히고 손으로 직접 써보세요

踏まえる (ふ) 고려하다/근거로 삼다	経済状況を踏まえて支出計画を立てるべきだ。 경제 상황을 고려하여 지출 계획을 세워야 한다.
踏まえる	経済状況を踏まえて支出計画を立てるべきだ。
踏み込む (ふ)(こ) 발을 들여놓다	賭博に踏み込むことは危険なことです。 도박에 발을 들이는 것은 위험한 일입니다.
踏み込む	賭博に踏み込むことは危険なことです。
振り返る (ふ)(かえ) 회고하다/되돌아보다	この一年を振り返り、新しい計画を立てた。 지난 한 해를 돌아보고 새로운 계획을 세웠다.
振り返る	この一年を振り返り、新しい計画を立てた。
震わせる (ふる) 떨게 하다/떨다	彼は声を震わせながら言葉を続けた。 그는 목소리를 떨면서 말을 이어갔다.
震わせる	彼は声を震わせながら言葉を続けた。

経済 경제 | 状況 상황 | 支出 지출 | 計画 계획 | 賭博 도박 | 危険だ 위험하다 |
立てる 세우다/짜다 | 言葉 말/이야기 | 続ける 계속하다/이어가다

✎ 문장으로 단어를 익히고 손으로 직접 써보세요

隔たる 떨어지다/멀어지다	二つの町は山脈によって隔たっていた。 두 마을은 산맥으로 인해 떨어져 있었다.
隔たる	二つの町は山脈によって隔たっていた。

経る 지나다/경과하다	時を経ても、その日の記憶は忘れられなかった。 시간이 지나도 그날의 기억은 잊혀지지 않았다.
経る	時を経ても、その日の記憶は忘れられなかった。

報じる 보답하다/보도하다	新聞は紛争地域の状況を詳細に報じました。 신문은 분쟁 지역의 상황을 상세히 보도했습니다.
報じる	新聞は紛争地域の状況を詳細に報じました。

葬る 매장하다/묻다	家族だけで静かに故人を葬ることにした。 가족끼리만 조용히 고인을 장사 지내기로 했다.
葬る	家族だけで静かに故人を葬ることにした。

山脈 산맥 | 記憶 기억 | 忘れる 잊다/기억이 없어지다 | 紛争 분쟁 | 地域 지역 |
状況 상황 | 故人 고인

✏️ **문장으로 단어를 익히고 손으로 직접 써보세요**

放り込む （ほう こ） 던져 넣다/집어넣다	子供は準備運動もせずにプールに体を放り込んだ。 아이는 준비운동도 하지 않고 수영장에 몸을 던졌다.
放り込む	子供は準備運動もせずにプールに体を放り込んだ。

放り出す （ほう だ） 내팽개치다/던져내다	肝心なことは放り出してゲームばかりしている。 정작 중요한 일은 내팽개치고 게임만 하고 있다.
放り出す	肝心なことは放り出してゲームばかりしている。

吠える （ほ） 짖다/으르렁 거리다	隣の犬が明け方から吠えた。 옆집 개가 이른 새벽부터 짖었다.
吠える	隣の犬が明け方から吠えた。

誇る （ほこ） 자랑하다/뽐내다	社長は自社の最先端システムを誇った。 사장님은 자사의 최첨단 시스템을 자랑했다.
誇る	社長は自社の最先端システムを誇った。

準備運動（じゅん び うんどう）준비운동 | プール 풀/수영장 | 肝心だ（かんじん）가장 중요하다/매우 중요하다 | 明け方（あ がた）새벽(녘)/동틀 녘 | 自社（じ しゃ）자사/자기 회사 | 最先端（さいせんたん）최첨단 | システム 시스템/체계

✏️ **문장으로 단어를 익히고 손으로 직접 써보세요**

解ける (ほど) 풀리다/풀어지다	解けた靴ひもを踏んで転びました。 풀어진 신발끈을 밟고 넘어졌습니다.
解ける	解けた靴ひもを踏んで転びました。

施す (ほどこ) 베풀다/시행하다	彼は生前に多くの善行を施しました。 그는 생전에 많은 선행을 베풀었습니다.
施す	彼は生前に多くの善行を施しました。

ぼやける 희미해지다/멍해지다	涙で視界がぼやけた。 눈물이 흘러 시야가 흐릿해졌다.
ぼやける	涙で視界がぼやけた。

滅びる (ほろ) 멸망하다/절멸하다	古代ローマ帝国もついに滅びた。 고대 로마제국도 결국 멸망했다.
滅びる	古代ローマ帝国もついに滅びた。

靴ひも 신발끈 | 踏む 밟다/발로 밟다 | 転ぶ 넘어지다 | 生前 생전 | 善行 선행 | 涙 눈물 | 視界 시야 | 古代 고대 | ローマ帝国 로마 제국 | ついに 드디어/마침내/결국

34일차 단어 미리 보기 알고 있는 단어를 체크해 보세요

번호	단어	읽는 법	뜻	체크
1	舞う	まう	날아다니다/춤추다	☐
2	負かす	まかす	이기다/패하게 하다	☐
3	任せる	まかせる	맡기다	☐
4	勝る	まさる	뛰어나다/우수하다	☐
5	交わる	まじわる	사귀다/교차하다	☐
6	待ち望む	まちのぞむ	몹시 기다리다/ 간절히 바라다	☐
7	免れる	まぬがれる	피하다/벗어나다	☐
8	丸める	まるめる	둥글게 하다/뭉치다	☐
9	見せびらかす	みせびらかす	과시하다/자랑하다	☐
10	満たす	みたす	채우다/충족시키다	☐
11	導く	みちびく	안내하다/인도하다	☐
12	みなす	みなす	간주하다/가정하다	☐
13	結び付く	むすびつく	맺어지다/결부되다	☐
14	捲る	めくる	넘기다/젖히다	☐
15	恵む	めぐむ	은혜를 베풀다	☐
16	目覚める	めざめる	눈뜨다/잠에서 깨다	☐
17	面する	めんする	마주보다/직면하다	☐
18	設ける	もうける	설치하다/만들다	☐
19	もてなす	もてなす	대우하다/대접하다	☐
20	盛り上がる	もりあがる	고조되다/비등하다	☐

✎ 문장으로 단어를 익히고 손으로 직접 써보세요

ま **舞う** 날아다니다/춤추다	ちょう はな まわ おど ま 蝶が花の周りを踊るように舞っています。 나비가 꽃 주위를 춤을 추듯이 날고 있습니다.
舞う	蝶が花の周りを踊るように舞っています。

ま **負かす** 이기다/패하게 하다	だれ かれ ま おも 誰も彼を負かすことはできないと思っていた。 아무도 그를 이길 수 없다고 생각했다.
負かす	誰も彼を負かすことはできないと思っていた。

まか **任せる** 맡기다	けっか うんめい まか 結果は運命に任せるしかなかった。 결과는 운명에 맡길 수밖에 없었다.
任せる	結果は運命に任せるしかなかった。

まさ **勝る** 뛰어나다/우수하다	どりょく さいのう まさ 努力は才能に勝る。 노력은 재능보다 뛰어나다.
勝る	努力は才能に勝る。

ちょう 蝶 나비 | まわ 周り 주위/주변 | おど 踊る 춤추다 | おも 思う 생각하다/헤아려 판단하다 | けっか 結果 결과 |
うんめい 運命 운명 | どりょく 努力 노력 | さいのう 才能 재능

✏️ **문장으로 단어를 익히고 손으로 직접 써보세요**

交わる (まじ)	この道は大きな道路と交わっている。 (みち・おお・どうろ・まじ)
사귀다/교차하다	이 길은 큰 도로와 교차하고 있다.
交わる	この道は大きな道路と交わっている。

待ち望む (ま・のぞ)	父の健康が回復するのを心から待ち望んでいます。 (ちち・けんこう・かいふく・こころ・ま・のぞ)
간절히 바라다	아버지의 건강이 회복되기를 간절히 바라고 있습니다.
待ち望む	父の健康が回復するのを心から待ち望んでいます。

免れる (まぬが)	彼は重い処分を免れた。 (かれ・おも・しょぶん・まぬが)
피하다/벗어나다	그는 무거운 처분을 면했다.
免れる	彼は重い処分を免れた。

丸める (まる)	パン生地を丸めて熟成させました。 (き・じ・まる・じゅくせい)
둥글게 하다/뭉치다	빵 반죽을 둥글게 만들어 숙성시켰습니다.
丸める	パン生地を丸めて熟成させました。

道路 (どうろ) 도로 | 健康 (けんこう) 건강 | 回復 (かいふく) 회복 | 処分 (しょぶん) 처분 | 生地 (き じ) 반죽 | 熟成 (じゅくせい) 숙성

✏️ **문장으로 단어를 익히고 손으로 직접 써보세요**

見せびらかす (み)	彼女は高価なカバンを見せびらかしたかった。
과시하다/자랑하다	그녀는 비싼 가방을 과시하고 싶어 했다.
見せびらかす	彼女は高価なカバンを見せびらかしたかった。

満たす (み)	防災用として、土嚢を土で満たした。
채우다/충족시키다	방재용으로 모래주머니를 흙으로 채웠다.
満たす	防災用として、土嚢を土で満たした。

導く (みちび)	先生は子供たちを正しい道へ導く。
안내하다/인도하다	선생님은 아이들을 올바른 길로 인도한다.
導く	先生は子供たちを正しい道へ導く。

みなす	契約違反が発覚した場合は無効とみなします。
간주하다/가정하다	계약 위반이 발각된 경우에는 무효로 간주합니다.
みなす	契約違反が発覚した場合は無効とみなします。

土嚢(どのう) 모래주머니/흙주머니 | 土(つち) 흙 | 正しい(ただ) 바르다 | 契約(けいやく) 계약 | 違反(いはん) 위반 | 場合(ばあい) 사정/형편/경우 | 無効(むこう) 무효

✏️ **문장으로 단어를 익히고 손으로 직접 써보세요**

結び付く むす　つ 맺어지다/결부되다	データ分析は事業戦略と結び付いている。 ぶんせき　じ ぎょうせんりゃく　むす　つ 데이터 분석은 사업 전략과 결부되어 있다.
結び付く	データ分析は事業戦略と結び付いている。

捲る めく 넘기다/젖히다	コーヒーを一口飲んでから、最後のページを捲った。 ひとくち の　　　　　さいご　　　　　　めく 커피를 한 모금 마시고 나서 마지막 페이지를 넘겼다.
捲る	コーヒーを一口飲んでから、最後のページを捲った。

恵む めぐ 은혜를 베풀다	王は民に慈悲を恵んだ。 おう　たみ　じ ひ　めぐ 왕은 백성들에게 자비를 베풀었다.
恵む	王は民に慈悲を恵んだ。

目覚める め ざ 눈뜨다/잠에서 깨다	朝、鳥の声で目覚めた。 あさ　とり　こえ　め ざ 아침에 새소리에 잠에서 깼다.
目覚める	朝、鳥の声で目覚めた。

データ 데이터/(정리한)자료 | 分析 분석 | 事業 사업 | 戦略 전략 | 慈悲 자비

✏️ **문장으로 단어를 익히고 손으로 직접 써보세요**

面する（めん） 마주보다/직면하다	彼女は今、人生の大きな岐路に面している。 그녀는 지금 인생의 큰 기로에 직면해 있다.
面する	彼女は今、人生の大きな岐路に面している。

設ける（もう） 설치하다/만들다	駅前に駐輪場を設けた。 역 앞에 자전거 주차장을 설치했다.
設ける	駅前に駐輪場を設けた。

もてなす 대우하다/대접하다	大切なお客様だからこそ、心を込めてもてなした。 귀한 손님인 만큼 마음을 다해 대접했다.
もてなす	大切なお客様だからこそ、心を込めてもてなした。

盛り上がる（も・あ） 고조되다/비등하다	試合への期待感が盛り上がっている。 경기에 대한 기대감이 고조되고 있다.
盛り上がる	試合への期待感が盛り上がっている。

人生（じんせい） 인생 ｜ 岐路（きろ） 기로 ｜ 駐輪場（ちゅうりんじょう） 자전거 주차장 ｜ 大切だ（たいせつ） 소중하다/중요하다/귀하다 ｜
お客様（きゃくさま） 손님/고객 ｜ 期待感（きたいかん） 기대감

35일차 단어 미리 보기 알고 있는 단어를 체크해 보세요

번호	단어	읽는 법	뜻	체크
1	養う	やしなう	기르다/양육하다	☐
2	休める	やすめる	쉬게 하다/멈추다	☐
3	病む	やむ	병들다/앓다	☐
4	やりとげる	やりとげる	끝까지 해내다/완수하다	☐
5	和らげる	やわらげる	부드럽게 하다/완화하다	☐
6	歪む	ゆがむ	뒤틀리다/비뚤어지다	☐
7	揺さぶる	ゆさぶる	동요시키다/흔들다	☐
8	濯ぐ	ゆすぐ	헹구다/양치질하다	☐
9	指差す	ゆびさす	가리키다/흉보다	☐
10	揺らぐ	ゆらぐ	흔들리다/불안정해지다	☐
11	緩む	ゆるむ	느슨해지다/풀어지다	☐
12	緩める	ゆるめる	완화하다/늦추다	☐
13	要する	ようする	필요로 하다/요약하다	☐
14	避ける	よける	피하다/면하다	☐
15	呼び止める	よびとめる	불러 세우다	☐
16	読み上げる	よみあげる	낭독하다/독파하다	☐
17	寄り掛かる	よりかかる	기대다/의지하다	☐
18	弱まる	よわまる	약해지다	☐
19	弱める	よわめる	약하게 하다	☐
20	割り込む	わりこむ	새치기하다/끼어들다	☐

✏️ 문장으로 단어를 익히고 손으로 직접 써보세요

やしな **養う**	ひとり さんにん こ やしな かんたん 一人で三人の子を養うのは簡単ではない。
기르다/양육하다	혼자서 세 아이를 양육하는 것은 쉽지 않다.
養う	一人で三人の子を養うのは簡単ではない。

やす **休める**	つか た とき からだ やす たいせつ 疲れが溜まった時は体を休めることが大切だ。
쉬게 하다/멈추다	피로가 쌓였을 때는 몸을 쉬게 하는 것이 중요하다.
休める	疲れが溜まった時は体を休めることが大切だ。

や **病む**	か ど よく こころ や 過度な欲が心を病ませた。
병들다/앓다	지나친 욕심이 마음을 병들게 했다.
病む	過度な欲が心を病ませた。

やりとげる	あきら かれ ほんとう すば 諦めずにやりとげる彼が本当に素晴らしかった。
끝까지 해내다/완수하다	포기하지 않고 끝까지 해내는 그가 정말 멋있었다.
やりとげる	諦めずにやりとげる彼が本当に素晴らしかった。

つか た かど あきら
疲れ 피로/지침 | 溜まる 고이다/쌓이다 | 過度 과도/정도가 지나침 | 諦める 단념하다/포

기하다

✏️ **문장으로 단어를 익히고 손으로 직접 써보세요**

やわ **和らげる** 부드럽게 하다/완화하다	軽いマッサージで筋肉痛を和らげた。 가벼운 마사지로 근육통을 완화시켰다.
和らげる	軽いマッサージで筋肉痛を和らげた。

ゆが **歪む** 뒤틀리다/비뚤어지다	転んで眼鏡のフレームが歪んだ。 넘어지면서 안경테가 뒤틀렸다.
歪む	転んで眼鏡のフレームが歪んだ。

ゆ **揺さぶる** 동요시키다/흔들다	木を揺さぶってよく熟した果物を落とした。 나무를 흔들어 잘 익은 과일을 떨어뜨렸다.
揺さぶる	木を揺さぶってよく熟した果物を落とした。

ゆす **濯ぐ** 헹구다/양치질하다	野菜を冷たい水で濯いだ。 채소를 찬물에 흔들어 씻었다.
濯ぐ	野菜を冷たい水で濯いだ。

かる
軽い 가볍다/무게가 적다 | マッサージ 마사지 | **きんにくつう** 筋肉痛 근육통 | **ころ** 転ぶ 넘어지다/자빠지다 |
めがね 眼鏡のフレーム 안경테 | **じゅく** 熟す 익다/성숙하다 | **くだもの** 果物 과일 | **お** 落とす 떨어뜨리다

[N1 동사] や～わ행 단어 쓰기 03

✏️ 문장으로 단어를 익히고 손으로 직접 써보세요

指差す (ゆびさ)	子供は空を飛ぶ鳥を指差しながら言いました。
가리키다/흉보다	아이는 하늘을 나는 새를 가리키며 말했습니다.
指差す	子供は空を飛ぶ鳥を指差しながら言いました。

揺らぐ (ゆ)	風で木の枝が揺らぎました。
흔들리다/불안정해지다	바람에 나뭇가지가 흔들렸습니다.
揺らぐ	風で木の枝が揺らぎました。

緩む (ゆる)	いつの間にか、緩んだ靴ひもがほどけていました。
느슨해지다/풀어지다	어느새 느슨해진 신발 끈이 풀려 있었습니다.
緩む	いつの間にか、緩んだ靴ひもがほどけていました。

緩める (ゆる)	警戒を緩めると、事故につながることもある。
완화하다/늦추다	경계를 늦추면 사고로 이어질 수 있다.
緩める	警戒を緩めると、事故につながることもある。

飛ぶ(と) (하늘을)날다 | 木の枝(き えだ) 나뭇가지 | いつの間にか 어느새인가/어느덧/모르는 사이에 |
靴ひも(くつ) 구두끈/신발끈 | 警戒(けいかい) 경계 | 事故(じこ) 사고

✏️ **문장으로 단어를 익히고 손으로 직접 써보세요**

要する (よう)	こうきょう い りょう し せつ かくじゅう ばくだい よさん よう 公共医療施設の拡充は莫大な予算を要する。
필요로 하다/요약하다	공공의료시설 확충은 막대한 예산을 필요로 한다.
要する	公共医療施設の拡充は莫大な予算を要する。

避ける (よ)	はや と よ 速いスピードで飛んできたボールを、かろうじて避けた。
피하다/면하다	빠른 속도로 날아온 공을 간신히 피했다.
避ける	速いスピードで飛んできたボールを、かろうじて避けた。

呼び止める (よ と)	みち たず とお ひと よ と 道を尋ねるために、通りかかった人を呼び止めた。
불러 세우다	길을 묻기 위해 지나가던 사람을 불러 세웠다.
呼び止める	道を尋ねるために、通りかかった人を呼び止めた。

読み上げる (よ あ)	かのじょ ぶ たい あ ご し よ あ 彼女は舞台に上がり、フランス語の詩を読み上げた。
낭독하다/독파하다	그녀는 무대에 올라 프랑스 시를 낭독했다.
読み上げる	彼女は舞台に上がり、フランス語の詩を読み上げた。

こうきょう
公共 공공/국가나 사회의 구성원에게 두루 관계되는 것 | 医療 (いりょう) 의료 | 施設 (しせつ) 시설/설비 | 拡充 (かくじゅう)
확충 | 莫大だ (ばくだい) 막대하다 | 予算 (よさん) 예산 | 速い (はや) (동작·속도가)빠르다 | かろうじて 간신히/겨
우/가까스로 | 通りかかる (とお) 마침 그곳을 지나가다 | 舞台 (ぶたい) 무대

✏️ 문장으로 단어를 익히고 손으로 직접 써보세요

寄り掛かる (よか)	彼女は壁に寄り掛かって、涙を流していた。
기대다/의지하다	그녀는 벽에 기대어 눈물을 흘리고 있었다.
寄り掛かる	彼女は壁に寄り掛かって、涙を流していた。

弱まる (よわ)	台風の勢力は徐々に弱まる見込みです。
약해지다	태풍의 세력은 점차 약해질 전망입니다.
弱まる	台風の勢力は徐々に弱まる見込みです。

弱める (よわ)	ストレスは、免疫力を弱める可能性があります。
약하게 하다	스트레스는 면역력을 약화시킬 가능성이 있습니다.
弱める	ストレスは、免疫力を弱める可能性があります。

割り込む (わこ)	前の席を確保するために、割り込む人がいる。
새치기하다/끼어들다	앞자리를 차지하기 위해 새치기하는 사람이 있다.
割り込む	前の席を確保するために、割り込む人がいる。

壁 벽 | 涙 눈물 | 流す 흘리다 | 台風 태풍 | 勢力 세력 | 見込み 예상/전망 | 免疫力 면역력 | 可能性 가능성 | 確保する 확보하다/차지하다

부록
플러스 단어
200

플러스 단어 – 부사 쓰기 01

단어와 읽는 법, 의미를 손으로 직접 써보세요

^あ**敢えて** 굳이/감히/억지로		**いまだ** 아직도/지금까지	
あっさり 깨끗이/산뜻하게		**うんざり** 지긋지긋하게	
あらかじめ 미리/사전에		^{おそ}**遅くとも** 늦어도	
いかにも 자못/정말로		^{おの}**自ずから** 저절로	
^{いく た}**幾多** 숱한/다수		^か**且つ** 게다가	
いたって 매우/몹시		**がっくり** 맥이 빠진모양 (푹, 탁, 털썩)	
^{いっきょ}**一挙に** 일거에		**がっしり** 튼튼히/단단히/ 다부지게	
^{いっせい}**一斉に** 일제히		^{かね}**予て** 미리/진작부터	
いっそ 도리어/차라리		^{かり}**仮に** 가령/임시로	
いまさら 새삼스럽게		**かろうじて** 겨우/간신히	

플러스 단어 – 부사 쓰기 02

단어와 읽는 법, 의미를 손으로 직접 써보세요

代わる代わる (か/が) 번갈아/차례로		**しいて** 굳이/억지로	
きちっと 똑바로/분명히		**じっくり** 곰곰이/차분하게	
極めて (きわ) 극히/더없이		**種々** (しゅじゅ) 여러 가지	
煌々と (こうこう) 휘황찬란함		**ずるずる** 질질/주르르	
ことごとく 모두/모조리		**すんなり** 매끈하게/술술	
殊に (こと) 특히		**だくだく** (땀이나 피가) 흐르는 모양/줄줄	
ことによると 어쩌면/혹시		**ちょくちょく** 가끔/이따금	
こともあろうに 하필이면		**どうにか** 그럭저럭/어떻게든	
さぞ 아마/필시		**どうやら** 어쩐지/아무래도	
さほど 그다지/별로		**とかく** 아무튼/여하튼	

✎ 단어와 읽는 법, 의미를 손으로 직접 써보세요

とっさに 순간적으로/즉시		**ひょっと** 문득	
とつじょ **突如** 갑자기		**ぼつぼつ** 서서히/슬슬	
とりわけ 그 중에서도/특히		**まことに** 참으로	
なおさら 더 한층		**まさしく** 바로/틀림없이	
なにとぞ 부디/제발		**まるっきり** 전혀/전연	
なるたけ 가능한 한		む ろん **無論** 물론	
なんだか 어쩐지/왠지		**もろに** 직접/정면으로	
はなは **甚だ** 매우/심히		**やけに** 무턱대고/몹시	
ひたすら 오직/오로지		ゆえ **故に** 그러므로/따라서	
びっしょり 흠뻑		よ ほど **余程** 상당히/어지간히	

단어와 읽는 법, 의미를 손으로 직접 써보세요

おお あ **大当たり** 대성공		さいたか ね **最高値** 최고가	
おおあめ **大雨** 많은 비		さいねんしょう **最年少** 최연소	
おおそう じ **大掃除** 대청소		さいせんたん **最先端** 최첨단	
かりけいやく **仮契約** 임시계약		だい し ぜん **大自然** 대자연	
かりめんきょ **仮免許** 임시면허		ちょうおん ぱ **超音波** 초음파	
かりさいよう **仮採用** 임시채용		ちょうこうそう **超高層** 초고층	
きゅう **急カーブ** 급커브		ちょうのうりょく **超能力** 초능력	
きゅうせいちょう **急成長** 급성장		なまちゅうけい **生中継** 생중계	
けいはんざい **軽犯罪** 경범죄		む かんしん **無関心** 무관심	
さいこうちょう **最高潮** 최고조		む せきにん **無責任** 무책임	

✏️ 단어와 읽는 법, 의미를 손으로 직접 써보세요

あんていかん **安定感** 안정감		こうつう ひ **交通費** 교통비	
いっしんじょう **一身上** 일신상		じゅうなんせい **柔軟性** 유연성	
い わ かん **違和感** 위화감		しゅどうけん **主導権** 주도권	
えんしゅつ か **演出家** 연출가		しんけいけい **神経系** 신경계	
おうえんだん **応援団** 응원단		せいたいけい **生態系** 생태계	
おんがく か **音楽家** 음악가		せんきょけん **選挙権** 선거권	
かん ご し **看護師** 간호사		ちょさくけん **著作権** 저작권	
かんり ひ **管理費** 관리비		び ようし **美容師** 미용사	
き かんし **機関誌** 기관지		まんぞくかん **満足感** 만족감	
けいえいけん **経営権** 경영권		れっとうかん **劣等感** 열등감	

플러스 단어 – 가타카나 쓰기 01

820/900

✏️ 단어와 읽는 법, 의미를 손으로 직접 써보세요

アイロン		インテリ	
다리미		인텔리	
アクセル		インフォメーション	
액셀/가속장치		인포메이션	
アプローチ		ウーマン	
어프로치		우먼	
アップ		ウェートレス	
업		웨이트리스	
アワー		エアメール	
시간		항공우편	
アンコール		エレガント	
앵콜		우아함	
アルミ		オートマチック	
알루미늄		자동	
インターチェンジ		オリエンテーション	
인터체인지		오리엔테이션	
インターナショナル		カテゴリー	
국제		범주	
インターホン		カット	
인터폰		컷	

✎ 단어와 읽는 법, 의미를 손으로 직접 써보세요

カムバック 컴백		**コック** 요리사	
カルテ 진료 기록 카드		**コマーシャル** 커머셜/광고	
カンニング 커닝		**コメント** 코멘트	
ガレージ 차고		**コンパス** 컴퍼스	
キャッチ 캐치		**コントラスト** 대조/대비	
キャリア 경력		**サンキュー** 감사합니다	
クレーン 크레인		**シック** 시크/세련된 모양	
グレー 회색		**シート** 시트/자리/좌석	
ゲスト 손님		**ショック** 쇼크	
コーナー 코너/구석		**ジャンパー** 점퍼	

✎ 단어와 읽는 법, 의미를 손으로 직접 써보세요

ジャンボ		セクション	
점보		섹션/구획	
ジャンル		セレモニー	
장르/종류/분야		세리머니/의식	
スチーム		ソックス	
스팀/증기		양말	
スタジオ		ゼリー	
스튜디오		젤리	
ストライキ		タイミング	
동맹파업		타이밍	
ストロー		タイトル	
빨대/스트로		타이틀/제목	
ストロボ		タイムリー	
섬광장치		타임리/적시	
スプリング		タイマー	
스프링		타이머/기록계	
スペース		ダース	
공간		다스/타	
センス		ダンプ	
센스		덤프 카	

단어와 읽는 법, 의미를 손으로 직접 써보세요

チップ		トラブル	
팁		트러블/문제	
チームワーク		トーン	
팀워크		톤/음조/색조	
チャイム		トランジスタ	
차임		트랜지스터	
チャンネル		ドリル	
채널		드릴	
ティッシュペーパー		ナイター	
티슈 페이퍼/화장지		나이터/야간경기	
デコレーション		ナンセンス	
데코레이션/장식		난센스	
デッサン		ナプキン	
데생/스케치		냅킨	
テレックス		ニュー	
텔렉스		뉴/새로움	
ドライバー		ニュアンス	
드라이버/운전자		뉘앙스	
ドライブイン		ネガ	
드라이브인		네가/음화	

✏️ 단어와 읽는 법, 의미를 손으로 직접 써보세요

ノイローゼ 노이로제		**ファイト** 파이트/투쟁심	
バー 바		**フィルター** 필터	
バス 목욕탕(bath)		**フロント** 프런트	
バッテリー 배터리		**ブザー** 버저(buzzer)	
バッジ 배지		**ブーツ** 부츠/장화	
パンク 펑크		**プラットフォーム** 플랫폼	
パート 구분/부분/파트		**ポンプ** 펌프	
パトカー 경찰차		**ホール** 홀	
ハンガー 행거/옷걸이		**ユニーク** 유니크/독특	
ファン 팬/환풍기		**ワット** 와트	

기적의 쓰기 학습법으로 공부하는
JLPT N1 일본어 단어 쓰기 노트

1판 1쇄 인쇄　　2026년 2월 24일

1판 1쇄 발행　　2026년 3월 10일

저　　　자　　박다진

펴　낸　이　　최수진

펴　낸　곳　　세나북스

제　　　작　　넥스트 프린팅

출 판 등 록　　2015년 2월 10일 제300-2015-10호

주　　　소　　서울시 종로구 통일로 18길 9

홈 페 이 지　　http://blog.naver.com/banny74

이　메　일　　banny74@naver.com

전 화 번 호　　02-737-6290

팩　　　스　　02-6442-5438

I S B N　　979-11-93614-32-7 13730